GÜTERSLOHER
VERLAGSHAUS

Gütersloher Verlagshaus. Dem Leben vertrauen

AXEL DAMMLER

ROSA RITTER
& SCHWARZE
PRINZESSINNEN

WAS WIRKLICH »TYPISCH MÄNNLICH«
UND »TYPISCH WEIBLICH« IST

GÜTERSLOHER VERLAGSHAUS

Bibliografische Information der Deutschen Nationalbibliothek

Die Deutsche Nationalbibliothek verzeichnet diese Publikation
in der Deutschen Nationalbibliografie; detaillierte bibliografische
Daten sind im Internet über http://dnb.d-nb.de abrufbar.

FSC
www.fsc.org
MIX
Papier aus ver-
antwortungsvollen
Quellen
FSC® C005833

Verlagsgruppe Random House FSC-DEU-0100
Das für dieses Buch verwendete FSC-zertifizierte Papier
Munken Premium Cream liefert Arctic Paper Munkedals AB, Schweden.

Umschlagmotiv: © Emely/Corbis
Druck und Einband: Těšínská tiskárna, a.s., Český Těšín
Printed in Czech Republic
ISBN 978-3-579-06693-6

www.gtvh.de

INHALT

EINLEITUNG
VIELE GRÜSSE VOM SCHLACHTFELD DES GESCHLECHTERKAMPFES

Ganz ehrlich: Es ist nicht schön, ein Dinosaurier zu sein. Es ist sogar ziemlich uncool, von der Evolution vergessen und quasi eine Sackgasse des genetischen Fortschritts zu sein. Und dabei kann ich selbst doch gar nichts dafür: Ich bin halt ein Mann – und wenn man ein Mann ist, dann ist man eben ein Auslaufmodell.

Es gibt da nämlich ein einfaches Problem: All das, was die Natur uns mitgegeben hat und was wir Männer deswegen gut können, ist heute nicht mehr gefragt. Jagen, kämpfen, körperlich hart arbeiten usw. – wer muss das heute in unserer Wohlstandsgesellschaft schon noch? Und dann bekomme ich auch noch immer wieder die Kehrseiten meiner männlichen Kernkompetenzen von meiner Frau genüsslich vor Augen geführt: Wenn ich wieder mal die Butter im Kühlschrank nicht finde, liegt das eben daran, dass die männliche Evolution ja nicht vorhersehen konnte, dass die Butter im Kühlschrank nicht gejagt werden muss und sich schlicht und einfach weigert, sich zu bewegen.

Doch nicht nur wir Männer haben Probleme. Frauen sind zwar von der Natur viel besser mit allem ausgestattet, was man für das digitale Zeitalter benötigt – sie können besser kommunizieren, multitasken und sie sind viel teamfähiger als Männer. Doch so richtig glücklich werden Frauen offensichtlich auch nicht. Sie werden einerseits nach wie vor von einer männerdominierten Gesellschaft ausgebremst, sie sind andererseits aber auch hin- und hergerissen zwischen alten und neuen Rollenmodellen.

Es geht in diesem Buch also um Männer und Frauen bzw. um Jungen und Mädchen, um Geschlechterrollen und Geschlechteridentitäten. Und damit befinden wir uns mitten in der Geschlechterfalle, denn die Frage, wie denn mit Jungs und Mädchen in unserer Gesellschaft umgegangen und wie sie erzogen werden sollen und was Männer und Frauen dann später mit ihrem Leben machen sollten, ist seit Jahrzehnten das Schlachtfeld zweier Ideologien.

Auf der einen Seite stehen diejenigen, die die Macht der Gene über alles stellen: Aus ihrer Sicht wird Geschlechteridentität angeboren, es gibt ein »Typisch Männlich« und ein »Typisch Weiblich«. Man hat damit keine Wahl, sondern wird von der gnadenlosen Mutter Natur zu geschlechtsspezifischem Verhalten gezwungen. Damit muss natürlich auch jeder Versuch scheitern, sich über diese Geschlechteridentitäten hinwegzusetzen, da er gegen die Natur ist.

Auf der anderen Seite stehen die »Konstruktivisten«, die vom genauen Gegenteil ausgehen, nämlich dass es keine angeborene Geschlechteridentität gibt. Aus ihrer Sicht wird geschlechtsspezifisches Verhalten im Laufe der Kindheit anerzogen, also *konstruiert*. Würden Jungs und Mädchen also gleich erzogen, so die dahinterstehende Schlussfolgerung, würden die Unterschiede zwischen den Geschlechtern und damit verbundene Benachteiligungen verschwinden.

Diese beiden konträren Sichtweisen kann man wunderbar

analysieren und vernünftig diskutieren – es gibt mittlerweile auch eine Menge Studien, auf die man hierzu zurückgreifen kann, und einige davon werden im Verlaufe dieses Buches noch erwähnt. Doch – Achtung! – es geht hier nicht um Vernunft und sachliche Analysen, sondern um Ideologie: Man hat es nicht mit wissenschaftlichen Positionen, sondern mit diametral gegensätzlichen Weltanschauungen zu tun, die sich bis aufs Messer bekämpfen. Hinter den Ursprüngen der Konstruktivisten steckt die Emanzipationsbewegung der 70er, die die Frauen vom Joch der Männer befreien wollte. Auf der anderen Seite stehen dagegen konservative Kreise z. B. auch aus dem Umfeld der katholischen Kirche, die – überspitzt formuliert – im konstruktivistischen Ansatz einen Frontalangriff auf die gottgewollte Rolle von Mann und Frau sehen.

Und wer hat recht? Beide! Denn eigentlich ist es doch ganz einfach:

- Geschlechteridentität wird natürlich anerzogen, denn das beweist das Beispiel der Farbe Pink. (Fast) alle Mädchen mögen Pink. Die Vorliebe für Pink kann den Mädchen aber gar nicht angeboren sein, denn Pink ist eine Farbe, die in der Natur so nicht vorkommt und erst seit wenigen Jahrzehnten überhaupt mit Mädchen verbunden wird.

- Geschlechteridentität ist natürlich angeboren, denn das beweist das Spielverhalten der Kinder. (Fast) alle Mädchen lieben es, sich um Puppen/Tiere/Blumen zu kümmern, und (fast) alle Jungs lieben die Kraft von Baggern/ Pistolen/Autos – egal mit welchem pädagogisch wertvollen, geschlechterübergreifendem Spielzeug sie von wohlmeinenden Eltern und Pädagogen versorgt werden. Kleine Mädchen haben ein »Puppen-Gen«, Jungs ein »Schieß-Gen«.

Die einfache Wahrheit ist: Ungefähr die Hälfte unseres geschlechtsspezifischen Verhaltens ist angeboren, die andere Hälfte wird uns anerzogen. (Die Debatte, welche Hälfte davon die bessere ist, hebe ich mir für das Schlusswort auf!)

Das wirklich Originelle an dieser einfachen Wahrheit ist aber, dass sie eigentlich schon lange bekannt ist. Wenn man sich die Empfehlungen in den einschlägigen Erziehungszeitschriften und -ratgebern ansieht, dann findet man ohne Ende Hinweise darauf, wie Jungen und Mädchen spielen, wie sie jeweils am besten lernen oder wie man sie am sinnvollsten fördern kann.

Doch trotz des ganzen Wissens und der ganzen guten Ratschläge herrscht immer noch große Hilflosigkeit. Wann immer ich mit Eltern oder Lehrern über das Thema spreche, heißt es, dass das ein ganz schwieriges Thema sei – aber ungeheuer wichtig, weil da ja so viel schief läuft.

Diese große Hilflosigkeit hat einen einfachen Grund: Es traut sich niemand offen auszusprechen, was denn nun wirklich»typisch« für Jungs und Mädchen ist, was also die Hälfte in uns ist, die die Natur schon festgelegt hat, und vor allem auch einmal klar zu sagen, was das dann für Konsequenzen hat. Wenn das aber nicht ausgesprochen wird, dann fehlt der notwendige Startpunkt für jede Form von geschlechtsadäquater Erziehung – egal ob hin zu mehr Gleichberechtigung oder hin zu einer gezielten Stärkung der geschlechtsspezifischen Kernkompetenzen.

Man darf mittlerweile ja immerhin schon sagen, dass Jungs mehr kompetitives Aggressionspotenzial in sich tragen. Ob und wie man das aber zulassen darf, ob Jungen also z. B. auch mal körperlich raufen dürfen, darüber wird dann schon wieder heftig gestritten. Man darf auch sagen, dass Jungen stärker handlungs- und entscheidungsorientiert denken und deswegen oft zielgerichteter, entschlussfreudiger, aber auch risikobereiter agieren als Frauen. Es würde einem aber eine

Menge Ärger und Vorwürfe einbringen, wenn man daraus Schlussfolgerungen für die Eignung zu manchen Jobs ziehen würde, z. B. für Führungspositionen in Unternehmen. Wenn ich umgekehrt offen zugeben würde, dass ich manche Position in meinem eigenen Unternehmen nur an Frauen vergebe, weil diese Positionen eben ein hohes Maß an weiblichen Kernkompetenzen wie Multitasking und Kommunikationsfähigkeit fordern, dann hätte ich sofort Ärger wegen Diskriminierung der Männer.

Man bewegt sich hier auf extrem dünnem Eis und holt sich schnell eine blutige Nase, wenn man das Falsche sagt. Ich wage mich mit diesem Buch aber bewusst auf dieses dünne Eis. Ich sehe in meiner Arbeit als Kinder- und Jugendforscher jeden Tag, wie Jungen und Mädchen »ticken«, wie man sie interessieren, motivieren, aber auch abschrecken kann. Ich erlebe bei der Arbeit mit Kindern damit auch, was geschlechtsspezifisch ist und was universell funktioniert, oder anders ausgedrückt: Was nun wirklich die unverhandelbare »Erblast« ausmacht und was die »Verfügungsmasse« für die Erziehung ist.

Ich spreche in diesem Buch aber bewusst nicht von einer angeborenen Geschlechteridentität, denn die gibt es nicht. Ich verwende stattdessen den Begriff der *geschlechtsspezifischen Veranlagung*, und die ist sehr wohl angeboren. Diese Veranlagung manifestiert sich aber eben nicht in einer starren genetischen Struktur oder spezifischen Fähigkeiten, die jeweils entweder Männer oder Frauen im Vorteil sehen. Sie manifestiert sich in bestimmten *geschlechtsspezifischen Grundbedürfnissen*, und diese Grundbedürfnisse sind verantwortlich für das, was wir im Alltag an Unterschieden beobachten: Sie sind die zentralen Treiber männlichen und weiblichen Verhaltens – und genau darum wird es in diesem Buch gehen.

Ich werde damit also auch sagen, was »typisch männlich« und »typisch weiblich« ist. Aber ich verpacke das erstmal in ein Märchen – vielleicht merkt dann ja niemand der Ideologen, worauf ich hinaus will, und ich komme als Dinosaurier halbwegs unbeschadet aus der Geschlechterfalle heraus …

Vorab bitte ich aber noch um Gnade: Ich mache mich in diesem Buch nämlich der Sünde der Verallgemeinerung schuldig. Schalten Sie deswegen bitte für die Dauer der Lektüre ihre »Mein-Kind-ist«- oder die »Ich-bin-aber-anders«- oder die »Ich-kenne-aber-Leute,-die«-Perspektive aus und betrachten Sie unsere Gesellschaft einmal aus der Vogelperspektive.

Politik und gesellschaftliche Werte werden nicht für den Einzelnen gemacht, sondern für alle zusammen – und um die »alle zusammen« geht es in diesem Buch. Um zu belegen, dass es wirklich um alle geht, verwende ich in diesem Buch immer wieder Daten aus einer repräsentativen Studie, die wir (iconkids & youth) im Jahr 2011 mit über 700 6- bis 12-Jährigen in Deutschland durchgeführt haben. Die für dieses Buch relevanten Ergebnisse sind mit einem Sternchen (*) gekennzeichnet.

DAS MÄRCHEN VOM ROSA RITTER UND DER SCHWARZEN PRINZESSIN

Seit Jahrhunderten schon trieb der grausame Drache sein Unwesen im Auftrag der Großen Zauberin. Hilflos mussten die Bauern zusehen, wie der Drache ihre Ernte verbrannte, das Vieh stahl und das ganze Land in große Not stürzte – nur damit die intrigante Große Zauberin an Macht gewinnen und ihre hinterhältigen Absichten in die Tat umsetzen konnte: Sie trachtete nach der Herrschaft im Land, und dazu war ihr jedes Mittel recht.

Der weise König und seine Tochter, die schöne Prinzessin, waren dazu berufen, ihr Land zu beschützen und ihre Untertanen vor den Bösewichtern zu verteidigen. Doch sie wussten, dass sie es mit zwei gefährlichen und übermächtigen Gegnern zu tun hatten: Nur mit Hilfe des größten Helden des Landes würden sie den Sieg der Großen Zauberin und ihres Helfers verhindern können. Und der größte Held des Landes – da waren sich alle Märchenerzähler einig – war wohl ein Ritter namens Rolf.

Eilends wurden Boten in alle Teile des Landes ausgesendet, um den Ritter zu finden, und bald drang frohe Kunde in das Königsschloss: Ritter Rolf hatte gerade Zeit und war natürlich sofort bereit, sein Leben für das Wohl des Königreiches aufs Spiel zu setzen. Er machte sich sogleich auf den Weg zum Schloss.

Der ganze Hofstaat hatte sich bald darauf im Thronsaal versammelt, um dem Helden einen würdigen Empfang zu bereiten. Kluge Kommentare der edlen Herren und aufgeregtes Getuschel der Hofdamen waren zu hören, zumal die liebreizende Prinzessin ihr schönstes Gewand angelegt hatte – golden schimmerte ihr Haar über dem seidigen Kleid. Da sah wohl manch einer schon eine rauschende Hochzeit zwischen dem edlen Ritter Rolf und der Prinzessin voraus. Schließlich gehört sich das ja auch so, wenn ein Held das Böse besiegt hat …

Doch als Ritter Rolf dann endlich den Thronsaal betrat, wich die erwartungsfrohe Stimmung erst sprachlosem Entsetzen und dann schallendem Gelächter: Der Ritter trug eine knallrosa Rüstung! Nicht schwarz, nicht silbern, nicht golden – nein: Rosa! Rosa wie die Schleifen im Haar der Prinzessin oder – in der weniger charmanten Version – wie die neugeborenen Ferkel im Schweinestall. »Ist der schwul oder was?«, fragte einer der Ritter herablassend. Wie sollte so einer denn bitte schön das schaffen, was den stolzen Rittern des Hofes nicht zugetraut wurde? Zumindest einige der Hofdamen wollten die Hoffnung nicht gleich aufgeben: »Vielleicht ist das ja die neueste Mode, dort, wo er herkommt …«

Dem Ritter Kuno fiel auf, dass man sich den Retter des Reiches nun doch etwas anders vorgestellt hatte. »Gibt es ein Problem?«, fragte er schüchtern. »… und winseln tut er wie ein Weib!« Dem Starken Herbert, seines Zeichens kühnster Ritter am Hofe, platzte nun der Kragen. »Was soll denn so ein Weichei gegen den Drachen und die Große Zauberin ausrichten?!«

»Nun?«, wollte jetzt auch der König von Ritter Rolf wissen: »Was wollt Ihr gegen den Drachen und die große Zauberin ausrichten?« Der Ritter dachte kurz nach: »Na ja, ich würde erst mal etwas Leckeres kochen, wissen Sie, mein Käsekuchen wird weithin gerühmt und ich darf ohne falsche Bescheidenheit be-

merken, dass meine Rinderrouladen ...« Der König wurde etwas ungeduldig: »Wir hatten da eher an etwas Drastischeres gedacht, so mit Kämpfen und so.«

»Man muss natürlich auch die richtige Atmosphäre schaffen, mit einem weichen, vorteilhaften Licht. Nach einem guten Essen redet es sich viel besser und man kann vieles ausdiskutieren – ich reiche dann gerne noch ein paar Häppchen ...«

»Genug davon!« Ein Raunen ging durch den Thronsaal. Zum Erstaunen aller gehörte die energische Stimme der liebreizenden Prinzessin! Sie nestelte kurz an ihrem Gewand, dies glitt zu Boden – und plötzlich stand die Prinzessin in einem schwarzen Amazonen-Anzug vor allen, das Schwert in der nun gar nicht mehr so zart wirkenden Hand. »Wenn das so ist, dann stelle ich mich lieber alleine dem Bösen. Unsere eigenen Ritter sind zu feige und tragen ihre Turniere auf Schaukelpferden und mit Zuckerwatte aus ...« (Ritter Herbert blickte verlegen zu Boden) »... und diese Lusche da kann sich ja nicht mal selbst verteidigen.«

»Och, verteidigen kann ich mich schon«, entgegnete Ritter Rolf, »meine Rüstung ist dreifach teflongehärtet und nach den neuesten Erkenntnissen der Weltraumforschung für optimalen Schutz geschmiedet. Daher kommt übrigens auch diese etwas alberne rosa Farbe, die ich zu ignorieren bitte. Und diesen Schutz brauche ich schon auch deswegen, weil mein Feuerschwert ...« (Er zog sein Schwert aus der Scheide und zeigte auf das breite, chromblitzende Rohr) »doch manchmal etwas unpräzise feuert, ohne Rüstung wäre mir doch jüngst beim Silberlöwen glatt der Schnurrbart verkokelt ...« Es tat ein lautes Zischen, und das Schwert spie Feuer, dass allen angst und bange wurde. »Das ist mein Mann!«, rief die Prinzessin begeistert und der Thronsaal brach in Jubel aus ...

Nur wenig später standen die Prinzessin und Ritter Rolf vor dem königlichen Stall. Rolf betrachtete bewundernd den edlen Schimmel mit dem rosa Zaumzeug – doch die Prinzessin ging *um das Pferd herum und verschwand im Stall. Kurz darauf röhrte es laut und die Prinzessin kam auf einem schwarzen Motorrad aus dem Stall geschossen, um mit quietschenden Reifen vor dem erstaunten Ritter stehen zu bleiben.*

»Ohne Helm?«, fragte der. »Ihr habt doch Euren rosa Helm, setzt doch den auf.« Und so brausten die beiden dem Ungewissen entgegen – Ritter Rolf vorschriftsmäßig geschützt durch seinen rosa Helm und sich immer wieder die vom Fahrtwind zerzausten Haare der Prinzessin aus Augen und Mund zupfend.

»Erzählt mir von Eurem heldenhaften Kampf mit dem Silberlöwen«, bat die Prinzessin, gegen den Fahrtwind anrufend.

»Öh, wieso Kampf?«, brüllte der Ritter zurück, um das Dröhnen des Motorrads zu übertönen – es war wirklich eine sehr laute Maschine.

»Sagtet Ihr nicht, Ihr hättet Euch den Schnurrbart beim Kampf mit Eurem Schwert verbrannt?«

»Ach so, nein – nicht beim Kampf. Beim scharfen Anbraten von zwei hervorragenden Entrecotes. Da habe ich es wohl etwas mit der Hitze übertrieben, das Schwert ist leider manchmal etwas schwierig zu dosieren ...« Den Rest des Weges schwieg die Prinzessin nachdenklich und gab aus Frust noch etwas mehr Gas.

Schließlich erreichte das ungleiche Paar die finsteren Berge mit der Burg, in der die Große Zauberin hauste, die Hütte des grausamen Drachens gleich nebenan. Ritter Rolf wollte höflich sein: »Als Prinzessin habt Ihr natürlich den Vortritt. Wen würdet Ihr gerne übernehmen?« Die Prinzessin fürchtete sich vor den magischen Kräften der Großen Zauberin, und so fiel ihre Wahl auf den Drachen. »Habt Ihr denn Erfahrung im Umgang mit diesen Tieren?«, fragte der Ritter, doch die Prinzessin zückte nur ihr Schwert: »Das Untier wird meinen Zorn schon zu spüren bekommen!«

So trennten sich die Wege der beiden. Mit entschlossener Miene schritt die Prinzessin auf die Hütte des Drachen zu – als ihre Nase plötzlich von einem betörenden Duft abgelenkt wur-

de. Ohne zu überlegen, folgte die Prinzessin den wundervollen Gerüchen durch eine dichte Hecke – und fand sich in einem Paradiesgarten wieder. Die schönsten Blumen, große und kleine in allen Farben des Regenbogens, wechselten sich ab mit Bäumen und Sträuchern, an denen die leckersten Früchte hingen. Dazwischen stolzierten prächtige Pfaue mit ihren aufgeschlagenen Rädern und süße Kaninchen hoppelten lustig umher. Mit einem entzückten Juchzer und ohne lange zu überlegen legte die Prinzessin ihr Schwert ab und roch, schmeckte und streichelte sich durch diesen Garten Eden. Schließlich begann sie, Blumen zu pflücken und daraus einen Kranz für ein Rehkitz zu flechten, das neugierig an ihr schnüffelte.

»Nehmt lieber die roten Blüten dort hinten – die haben weichere Stiele und Blätter und kratzen das Reh nicht so an den Ohren«, sagte eine tiefe Stimme. Diese Stimme klang so beruhigend und sanft, dass sich die Prinzessin erst gar nicht umdrehte, sondern gleich dem guten Ratschlag folgte. »Ihr solltet es am besten auch gleich doppelt flechten, dann hält es länger.« »Gute Idee«, antwortete die Prinzessin, drehte sich um – und erschrak. Neben ihr hatte es sich der Drache bequem gemacht – der Länge nach lag er zwischen den Blumen und Bäumen, mit einem Kranz aus Rosen um den Kopf und an einem großen Kürbis knabbernd. Er sah überhaupt nicht gefährlich aus, sondern wirkte trotz seiner enormen Größe eher niedlich und putzig.

Die Prinzessin sprang auf und suchte nach ihrem Schwert. »Nicht so hektisch, Ihr erschreckt ja die Tiere!«, rief ihr der Drache hinterher. Doch die Prinzessin hatte das Schwert schnell gefunden und richtete es auf das große Tier. »Seid Ihr der grausame Drache, der die Ernte der Bauern verbrennt, das Vieh stiehlt und das ganze Land in große Not stürzt?« »Sehr richtig, Chaos und Zerstörung sind mein Hobby. Ich habe erst heute Morgen wieder einige Viecher und Bauern gekillt. Und wer seid Ihr?« »Ich bin die Tochter des Königs und gekommen, um Euch zu besiegen, um mein Reich von Eurer Gewaltherrschaft zu befreien!«

»Aha.« Der Drache deutete auf das Schwert. »Aber könntet Ihr mir vorher mit Eurem Zahnstocher da diese Stelle an meinem Rücken kratzen? Ich komme da mit meinen Klauen so schlecht hin.«

Der Drache drehte sich zu Seite und bot der Prinzessin den ungeschützten Rücken dar. Ein schneller Stoß nur, und das Monster wäre besiegt! Doch die Prinzessin hatte auch ihren Stolz und wollte den Drachen entweder richtig besiegen oder gar nicht. Also krabbelte sie auf den Rücken des Drachen …

Unterdessen klang aus der Burg der Großen Zauberin ein merkwürdiges Gespräch: »… der Sixtin 2009 hat aber den größeren Speicher, eine doppelt vernoppte Ringdichtung und Spritzverbrenner.« »Echt? Das hat der Zufix nicht. Und wie schnell brennt der auf 500 Grad? Da habe ich nämlich einiges Schlechtes gehört, der Burn XT soll da super sein, stand in meiner Zeitschrift.« »So schnell kann man gar nicht gucken. Aber der Sixtin 2012, der im Herbst kommt, soll noch schneller brennen, habe ich in einem Internetforum gelesen.«

Als Ritter Rolf nämlich in der Burg auf die Große Zauberin traf, war der gleich sein Feuerschwert aufgefallen – ein absolutes Spitzenmodell, muss man dazu sagen – und sogleich wurde auf höchstem Niveau gefachsimpelt. Das ging bald so weit, dass man sich Artikel aus Fachzeitschriften, Kommentare in den Internetforen und Testberichte ansah, um sich gemeinsam auf den neuesten Stand zu bringen.

Zufällig machte die Zauberin eine Bemerkung, zu der Ritter Rolf gleich ein passender Witz einfiel. Und bald saßen die beiden schenkelklopfend am Kamin, um sich einen Witz nach dem anderen zu erzählen. Und wie bei der Fachsimpelei über Feuerschwerter erwies sich Ritter Rolf auch hier als Maß der Dinge: Die Große Zauberin musste anerkennen, dass seine Witze die besseren waren.

Zur gleichen Zeit kuschelte die Prinzessin mit dem Drachen: Der hatte bei dem Rückenkratzen mit dem Schwert nämlich so *allerliebst zu schnurren begonnen, dass die Prinzessin gar nicht anders konnte als mit ihm zu schmusen.*

Ritter Rolf hatte inzwischen damit begonnen, die Burg der Großen Zauberin zu putzen. Aufgrund der Überlegenheit des Ritters (er hatte auch beim Skat gewonnen!) hatte die Zauberin nämlich zugesagt, auf weitere Bosheiten gegen das Königreich zu verzichten, wollte dafür aber eine adäquate Gegenleistung. Und so arbeitete sich der Ritter mit Staubsauger und Wischlappen durch die Burg. Die Große Zauberin spielte derweil einige Online-Games, die ihr der Ritter freundlicherweise gezeigt hat.

Die Prinzessin hatte aber nun genug vom Kuscheln. Sie nahm ihr Schwert, hielt es dem überraschten Drachen unter die Kehle und forderte ihn zum Kampf. Der Drache war geschockt, hatte er sich doch gerade an das Kuscheln und Schmusen gewöhnt und als neuen Lebensinhalt auserkoren. Doch ließ ihm die Prinzessin keine andere Wahl, als die Herausforderung anzunehmen, und nur wenige Augenblicke und einige geschmeidige Bewegungen später hatte die Prinzessin ihm die Kehle durchschnitten und wartete, bis der Drache sein nichtsnutziges Leben ausgehaucht hatte. »Wie fies seid Ihr denn?!«, rief Ritter Rolf entgeistert, als er nach getaner Putzarbeit zum Paradiesgarten vor der Hütte des Drachens kam und das mächtige Tier in seinem Blut liegen sah. »Drachen bleibt Drachen«, sagte die Prinzessin da nur, »macht Ihr Euren Job, ich tue meinen. Was ist denn mit der Zauberin?« »Die ist keine Gefahr mehr, die spielt jetzt Computerspiele.«

Und nachdem der Ritter Rolf auch noch dafür gesorgt hatte, dass die Große Zauberin von Online-Shootern auf Netzwerkadministratorin umgeschult wurde, kehrten die beiden zum königlichen Schloss zurück. Dort machte die Prinzessin dann eine Antigewalt-Therapie. Die Ehe mit dem Ritter Rolf hielt schließlich immerhin drei Jahre. Und wenn sie nicht gestorben sind, dann lag das am Frauenhaus, das den Ritter Rolf gnädig aufnahm.

DIE GANZE WAHRHEIT ÜBER RITTER UND PRINZESSINNEN …
LANG LEBEN DIE GESCHLECHTERKLISCHEES – ODER?

Die Frage ist nun: Was stimmt am Märchen vom Rosa Ritter und der Schwarzen Prinzessin nicht? Die Antwort lautet natürlich: Eine Große Zauberin würde sich selbstverständlich nie von einem Ritter die Burg putzen lassen – sie zaubert sie sich einfach sauber …

Ich habe dieses Märchen zuerst meinen beiden Töchtern erzählt. Die beiden, sieben und neun Jahre alt, hatten ihren Spaß: Schließlich mag man es gerne, wenn sich der eigene Papa zum Deppen macht und »totalen Quatsch« erzählt. Die beiden Mädchen haben natürlich die ganzen »Fehler« und vertauschten Attribute erkannt, mit denen das Märchen vollgepackt ist. Schließlich ist man es gerade in Märchen gewohnt, auf ein ganzes Arsenal an stereotypen, geschlechtsspezifischen Rollen zu stoßen, die hier zu Beginn auch alle brav bedient werden. Der Drache verkörpert mit seiner zerstörerischen Gewalttätigkeit das böse Männliche, während der Ritter Gewalt nur für das Gute einsetzt, also quasi die positive Seite des Männlichen zeigt. Die Zauberin repräsentiert hingegen das eher »hinterfotzige« weibliche Böse und die schöne Prinzessin entsprechend die andere Seite der weiblichen Medaille. Selbst die wehrhafte Prinzessin ist mittlerweile auch nicht mehr so ungewohnt: Disney & Co. verwöhnen uns in letzter Zeit mit starken Frauen, die ihr Schicksal in die eigene Hand nehmen.

Stereotype Rollen sind übrigens an sich nichts Schlechtes, schließlich vereinfachen solche Klischees das Verständnis von Inhalten aller Art ungemein: Wir können sogenannte Schemata abrufen, die unserem Gehirn viel Arbeit abnehmen und uns damit mehr Kapazität für das Verarbeiten der anderen Informationen einer Geschichte lassen. Wir haben alle solche Schemata im Überfluss im Kopf, auf die wir mehr oder weniger unbewusst zurückgreifen, und damit hat mein kleines Märchen insbesondere am Ende gespielt.

Prinzessin, Ritter und die anderen altbekannten Figuren aus dem Märchen waren hier aber nur der Startpunkt: Dazu kamen dann noch eine Menge anderer, allgemeiner Geschlechterstereotypen – von der Kleidung bis hin zu den Aktionen und Handlungen. Auch Kinder wissen hier sehr früh, was »Typisch Jungs« und was »Typisch Mädchen« ist, über Märchen hinaus. Der ständige Rollenwechsel der Figuren war für meine Töchter aber sehr verwirrend: Als ich sie fragte, wer von den Figuren im Märchen denn besonders nett, stark, cool etc. gewesen war, da fiel es ihnen schwer, das zu beantworten. Und auch die Frage danach, welche Figur die interessanteste sei, erwies sich als relativ schwer.

Wir Erwachsenen haben damit weniger Probleme. Jede gute Story spielt damit: Wir werden auf eine falsche Fährte gelockt und dann kommt das große »Hallo«. Wenn sich in Filmen z. B. der Gute am Ende als der Böse entpuppt, dann seufzen wir angenehm schockiert, und manchmal wird auch ganz bewusst mit Geschlechterstereotypen gespielt (von *Charley's Tante* bis *Tootsie*).

Für Kinder ist das noch anders, denn sie können mehrdimensionale, vielschichtige Inhalte noch nicht decodieren. So kam es, dass jede der Figuren aus dem Märchen Eigenschaften hatte, die die beiden Mädchen gut bzw. blöd fanden, und Fähigkeiten, die sie auch gerne gehabt hätten – ganz egal, ob die jeweilige Figur biologisch gesehen männlich oder weiblich war. Spannend war dabei, wie sich hierdurch die Anknüpfungspunkte verschoben: Die männlichen Figuren wurden interessanter, wenn sie traditionell weibliche Facetten zeigten, aber auch die Prinzessin konnte davon profitieren, wenn sie sich typisch männlich verhielt. Eine Prinzessin, die sich wehrt und kämpfen kann, ist auch für Mädchen viel cooler als eine Prinzessin, die nur ein hübsches Opferlamm ist. Wenn sie aber kämpft nur um des Kämpfens willen, ist sie für Mädchen einfach nur »doof«. Ein Ritter, der eine rosa Rüstung trägt, ist dagegen auch für Mädchen unakzeptabel und lächerlich, und dass er sich mit Feuerschwertern besser auskennt als die Große Zauberin, ist ihnen vollkommen egal. Wenn er aber Konflikte gewaltfrei löst, die Große Zauberin austrickst und dabei noch die besseren Witze kennt, dann macht ihn das auch für Mädchen im Kinderalter cool …

Ohne es zu merken, springen die Kinder über Geschlechterbarrieren – und wir springen mit. Das Märchen zeigt, dass Rollenmodelle und -stereotypen eigentlich recht leicht aufzubrechen sind, ohne dass es stört. Oder anders ausgedrückt: Man kann nicht nur Kindern so einiges an Rollenmodellen, Werten und Handlungsmustern »unterjubeln«, wenn man es nur geschickt genug anstellt. Gerade in den Medien passiert das sogar recht häufig: Es gibt schon verschiedene »moderne Märchen«, die auf die eine oder andere Art mit Geschlechterklischees spielen und so bei beiden Geschlechtern sehr erfolgreich sind:

- Die Hauptperson der Zeichentrickserie *Kim Possible* ist ein normaler Teenager, die Cheerleader ist und sich über Jungs ärgert – doch als Geheimagentin rettet sie auch ständig die Welt. Ihr bester Kumpel Ron ist dagegen eher ein Tollpatsch, andererseits aber auch ein cooler Technik-Nerd.

- *SpongeBob* ist weinerlich und verletzlich wie ein Klischee-Mädchen, aber auch frech und abenteuerlustig wie ein Klischee-Junge.

- In *Shrek* ist die wunderschöne Prinzessin in Wirklichkeit ein hässlicher, furzender Oger – und erst als solche wird sie als Frau glücklich.

Okay, ich gebe es zu: In den Medien dominieren natürlich trotzdem die Klischee-Figuren von Prinzessin Lillifee bis Spiderman, und die wenigen Ausnahmen bestätigen hier eher die Regel. Trotzdem: Gerade an Medieninhalten kann man sehr gut zeigen, wie Jungs/Männer und Mädchen/Frauen funktionieren. Und darum soll es nun gehen. Es folgt nach einem kurzen Intermezzo zum aktuellen Stand der Geschlechterkontroverse also endlich die »ganze Wahrheit« über Männer und Frauen ...

HINTERGRUND: DIE KONTROVERSE UM DIE GESCHLECHTERROLLEN

WIE IMMER: JEDER HAT RECHT

Ehrlich gesagt: Dieses Kapitel ist vor allem deswegen im Buch enthalten, weil ich allen Ideologen sofort den Wind aus den Segeln nehmen will. Mit einem Buch über Geschlechterrollen und -identitäten bewegt man sich auf dünnem Eis, weil es hier in der öffentlichen Diskussion zu oft nicht um Wahrheiten, sondern um Glaubensfragen geht: Jeder glaubt, im Recht zu sein. Glaubensfragen und Ideologien aller Art sind aber leider starr und unverhandelbar, und das behindert doch ungemein, wenn man sachlich argumentieren möchte.

Weil dieses Buch aber leider nicht im ideologiefreien Raum existieren kann, deswegen hier also in aller Kürze der aktuelle Stand in der Geschlechterdiskussion …

Wenn es um das Thema Geschlechteridentität geht und insbesondere darum, wo diese Identität herkommt, dann prallen in der wissenschaftlichen Diskussion leider immer noch Welten aufeinander. Historisch bedingt stehen sich hier nämlich zwei Fronten unversöhnlich gegenüber. Dazwischen kauern dann wiederum die eher pragmatisch orientierten Wissenschaftler, die sich in beide Richtungen verteidigen müssen – und zu denen zähle ich mich.

Doch der Reihe nach: Der Ursprung der Diskussion stammt aus den 60er- und 70er-Jahren des vorigen Jahrhunderts, als das Thema Gleichberechtigung der Geschlechter massiv auf die Tagesordnung drängte. Man muss das im Zusammenhang mit dem generellen Gedankengut der 68er-Generation sehen, deren Verdienst es ja war, alte Hierarchien und überholte Gesellschaftsstrukturen auf allen Ebenen radikal aufzubrechen – und dazu gehörte eben auch die Befreiung der Frau von der Rolle als Mütterchen am Herd. Aus diesem Umfeld entstand der sogenannte *konstruktivistische* Ansatz: Man ging davon aus, dass es keine angeborene, sozusagen natürlich vorgegebene Geschlechteridentität gibt, sondern dass diese erst durch Umwelteinflüsse geprägt und anerzogen wird. Geschlechteridentität wird also im Laufe der Kindheit und Jugend »konstruiert«.

Gallionsfigur der Konstruktivisten ist die amerikanische Philosophin Judith Butler, für die die Unterscheidung von Mann und Frau ein rein soziales Konstrukt ist. Für sie und ihre Anhänger kommen Menschen als »tabula rasa« auf die Welt, und erst die Sozialisation macht sie zu dem, was wir heute als typische Männer oder Frauen wahrnehmen. Würde man die Welt von den Geschlechterrollen befreien, wären Jungs und Mädchen gleich.

Der konstruktivistische Ansatz steht damit prinzipiell auch in der gleichen Tradition wie die antiautoritäre Erziehung, die den Kindern Selbstentfaltung ohne das Diktat von Erziehungsprinzipien und unbeeinflusst von den Vorstellungen der Eltern ermöglichen wollte. Ein Witz aus den 70er-Jahren bringt die geistige Nähe dieser beiden Ansätze auf den Punkt:

> *Fragt ein Mann die Mutter: »Ist Ihr Kind ein Junge oder ein Mädchen?« Antwortet die Mutter: »Das soll das Kind später selbst entscheiden.«*

Selbst wenn die konstruktivistische Sichtweise heute kaum noch in Reinkultur zu finden ist, ist sie in ihrem Grundgedanken auch heute immer noch dominant, wenn es um die Erforschung von Geschlechterrollen, sprich neudeutsch die Gender-Forschung geht: »Es gibt in der Geschlechterforschung den Grundkonsens, dass man nicht naiv von einem angeblich

»natürlich« vorhandenen, rein physiologisch bestimmten Geschlecht ausgeht. Dieser Grundkonsens steht weiterhin fest, allerdings in vielen Schattierungen.«[1]

In der praktischen Umsetzung dieses Grundkonsenses wird auf einen Abbau der Geschlechterbarrieren und auf die absolute Gleichbehandlung von Männern und Frauen hingearbeitet – das sogenannte *Gender Mainstreaming* – mit dem Ziel der dann daraus resultierenden Gleichberechtigung der Geschlechter. So weit die eine Seite in diesem Konflikt.

Auf der anderen Seite stehen die Kämpfer für die Anerkennung einer angeborenen Geschlechteridentität: Sie wehren sich dagegen, dass Jungs/Männern und Mädchen/Frauen spezifische Eigenarten abgesprochen werden. Weil es aus ihrer Sicht eben männliche und weibliche Identitäten gibt, wirft diese Seite den Konstruktivisten vor, dass angeborene Eigenschaften negiert werden – und dies dann immer einseitig zu Ungunsten der Jungen/Männer.

Gerade wegen der als männerfeindlich wahrgenommenen Ausrichtung ist der konstruktivistische Ansatz für diesen Personenkreis nämlich eine pseudo-wissenschaftlich verkleidete Fortführung des aggressiven Feminismus der 70er-Jahre.

WILLKOMMEN AUF DEM SCHLACHTFELD DER IDEOLOGIEN

Die unversöhnliche Heftigkeit in der Argumentation beider Seiten wurzelt daher vor allem auch in ihren konträren und jeweils sehr radikal-polarisierenden politischen Ursprüngen:

---

1. Zitat der Professorin für Soziologie/Genderstudies an der Universität München und Mitinitiatorin der Fachgesellschaft Geschlechterstudien Paula-Irene Villa im Tagesspiegel vom 26.01.2010.

Den politisch eher linken Konstruktivisten stehen auf der anderen Seite konservative Kreise wie z. B. die katholische Kirche gegenüber – aber zunehmend auch Rechtsextreme. Da ist dann sogar von der gezielten »Zerstörung von Identität« die Rede: Es handle sich um eine »gigantische ideologische Umerziehung« zu Lasten der Jungen, die in ihrer Ausschließlichkeit sogar »totalitäre Aspekte« hat.[2] Hier gehe es um das gnadenlose Durchdrücken eines Weltbildes auf Kosten der Menschen.

Die einen wollen die Gesellschaft modernisieren und werfen ihren Gegnern vor, nur eigene Privilegien verteidigen zu wollen, die anderen sehen sich selbst als Verteidiger von Natur und Schöpfung. Wer hier öffentlich Position bezieht, landet entsprechend schnell in der einen oder anderen Schublade.

Die Alltagserfahrung führt Eltern jeden Tag in die gleiche Zwickmühle wie die theoretische Diskussion der Wissenschaftler und Publizisten. Viele Eltern machen z. B. die Erfahrung, dass sich sehr kleine Kinder durchaus mit Dingen beschäftigen, die eigentlich dem anderen Geschlecht zugeschrieben werden: Kleine Jungs spielen mit Hingabe mit Puppen, kleine Mädchen mit Autos und Baggern. Doch mit einem Alter von drei bis vier Jahren ändert sich das meistens und geschlechtstypisches Verhalten wird dominant.

- Die eine Lesart sieht dies als Beweis dafür, dass kleine Kinder wirklich ein »tabula rasa« sind und erst im Laufe ihrer Sozialisierung – zum Beispiel durch das Vorbild älterer Kinder oder die (vielleicht sogar unbewusste) Beeinflussung der Eltern – dem tradierten Rollenmodell folgen.
- Die Gegenmeinung würde lauten, dass sich im Rahmen

---

2. Aussagen des Publizisten Arne Hoffmann in der rechtsgerichteten Jugendzeitschrift Junge Freiheit 03/07, auch zu finden auf www.jungefreiheit.de: »Der Feminismus ist zur totalitären Ideologie geworden. Der Publizist Arne Hoffmann über Gender Mainstreaming«

der kognitiven Entwicklung des Kindes auch die (Geschlechter-)Identität erst langsam entwickelt, genauso wie sich z. B. auch die soziale Kompetenz erst im Altersverlauf entwickelt. Die kleinen Kinder sind einfach noch nicht alt genug für ihre Geschlechteridentität.

Wie man damit umgeht bzw. diese Beobachtungen einordnet, ist also in den meisten Fällen eine Frage der persönlichen Einstellungen und Werte.

Zum ideologischen Sprengstoff kommt noch dazu, dass die ganze Diskussion auch gesellschaftlichen Moden und dem Zeitgeist unterworfen ist. Nach einer Phase, in der das Ziehen von Grenzen absolut verpönt war, erleben wir derzeit eine Gegenströmung, die sich insgesamt wieder nach festeren Werten und Strukturen sehnt. Da gehört es fast zum guten Ton, dass zu viel Liberalismus in der Erziehung ebenso kritisiert wird wie ein Ignorieren geschlechtsspezifischer Bedürfnisse – und das sogar auch von eher links orientierten Medien wie dem SPIEGEL[3].

Wir stecken also mitten in einer Phase heftigster Diskussionen, dabei ist die rechtliche Situation – jawohl: die *rechtliche* Situation! – eigentlich ganz klar. *Gender Mainstreaming* ist nämlich offizielles Politikziel in Deutschland und der EU, und sofort bekommt eine auf den ersten Blick vielleicht abgehoben wirkende Diskussion innerhalb der intellektuellen Elite ihre gesellschaftliche Sprengkraft und Alltagsrelevanz.

Gender Mainstreaming heißt zunächst einmal, für die Gleichstellung der Geschlechter zu sorgen, so wie es im Grundgesetz festgeschrieben ist. Dazu zählen ganz grundsätzliche Dinge wie das Recht auf Selbstbestimmung, Bildung oder eben auch das

---

3. Zum Beispiel der Artikel von René Pfister auf SPIEGEL Online am 30.12.2006: »Der neue Mensch – Unter dem Begriff ›Gender Mainstreaming‹ haben Politiker ein Erziehungsprogramm für Männer und Frauen gestartet. Vorn dabei: Familienministerin Ursula von der Leyen.«

Recht auf gleiche Gehälter für gleiche Arbeit. Kein Mensch darf aufgrund seines Geschlechtes benachteiligt werden.

Auf der Website www.gender-mainstreaming.net des Bundesministeriums für Familie, Senioren, Frauen und Jugend wird zunächst einmal auch festgestellt, »dass es keine geschlechtsneutrale Wirklichkeit gibt und Männer und Frauen in sehr unterschiedlicher Weise von politischen und administrativen Entscheidungen betroffen sein können«.[4] Hier würden sicherlich auch konservative Kreise mitziehen – man muss nur an Themen wie die frühere Wehrpflicht oder den Mutterschutz denken, die natürlich Beispiele für extrem geschlechtsspezifische Wirklichkeiten sind. Solche geschlechterspezifischen Wirklichkeiten muss auch der Gesetzgeber berücksichtigen, ohne dass daraus eine Benachteiligung eines Geschlechtes abgeleitet werden darf. Einen Schritt weitergedacht kann z. B. auch nicht nur reine Frauenförderung, sondern auch gezielte »Männerförderung« dem Ziel des Gender Mainstreaming dienen. Das Gender Mainstreaming erkennt also Geschlechterunterschiede grundsätzlich an, zieht daraus aber eine sehr spezifische Schlussfolgerung: »Daher ist es wichtig, Geschlechterdifferenzen wahrzunehmen, sie aber nicht (…) als tradierte Rollenzuweisungen zu verfestigen.«[5] Übersetzt bedeutet dies, dass der Wehrdienst den Mann nicht auf bestimmte männliche Rollen festlegen soll und der Mutterschutz eine Frau nicht dauerhaft und einseitig in die Mutterrolle zwingen darf.

Das Bundesministerium geht mit der Verwendung des Begriffes »Rollenzuweisung« aber auch explizit davon aus, dass Geschlechterrollen *zugewiesen*, also erworben werden und eben nicht angeboren sind. Man stellt sich damit also eindeutig auf die

---

4. Zitat von der Website www.gender-mainstreaming.net des Bundesministeriums für Familie, Senioren, Frauen und Jugend der Bundesregierung

5. Ebenda

Seite der Konstruktivisten – und das an sich neutrale Konzept des Gender Mainstreaming wird ideologisch aufgeladen.

Genau hieran stoßen sich die Gegner der Konstruktivisten: Diese einseitige Festlegung habe zur Folge, dass nur noch in diese politisch konforme Richtung gearbeitet wird, eben der Geschlechter- oder Gender-Forschung:»Kritiker der Gender-Ideologie haben an den Universitäten keine Chance, so dass eine von der Gender-Theorie unabhängige Geschlechterforschung fast nicht existiert.«[6]

In der Gender-Forschung herrscht ein striktes Paradigma vor, das nicht in Frage gestellt wird, sondern sich immer wieder selbst bestätigt. Und es ist schon wirklich auffällig: Fast immer, wenn in den letzten Jahren zu den Geschlechtern geforscht wurde, suchte man nach Belegen dafür, wie die Gesellschaft geschlechtsspezifische Rollen verfestigt. Egal ob Arbeitswelt, Kinderbuch, Fernsehserien oder Werbung: Alles wurde bereits überprüft, und immer kamen die ForscherInnen zu dem Schluss, dass diese Welten tradierte Geschlechterrollen aufgreifen, dadurch die Rollenvorstellungen der Menschen einseitig prägen und so der Gleichberechtigung der Geschlechter entgegen wirken.

Die Schlussfolgerung dieser Studien lautete entsprechend auch immer, dass alles besser wird, wenn man einfach nur auf das Zeigen dieser Rollenmodelle verzichten und stattdessen andere zeigen würde. Es wurde zwar so gut wie nie danach gefragt, woher denn diese Rollenmodelle eigentlich kommen und warum sie auf allen Ebenen und in allen Kulturen so ähnlich und vor allem so gleichmäßig erfolgreich funktionieren. Das wurde aber wohl auch nicht als notwendig erachtet, denn die aus der Gender Forschung heraus entstandenen pädagogischen Konzepte haben offensichtliche Früchte getragen.

---

6. Zitat aus dem Artikel »Feministinnen erforschen sich selbst« im Handelsblatt, 19.09.2007

STARKE MÄDCHEN, VERLORENE JUNGEN

Der massive Aufwand, der in den letzten Jahren betrieben wurde, um den Mädchen und Frauen zur Gleichberechtigung zu verhelfen, hat Erfolg gehabt – das ist nicht nur unbestreitbar, vor allem ist es auch gut und wichtig! Am deutlichsten wird der Fortschritt im Bildungsbereich: Die strukturelle Benachteiligung der Mädchen ist überwunden, heute machen mehr Mädchen ihr Abitur und studieren als jemals zuvor. Es gibt mittlerweile auch kaum einen Berufszweig mehr, der Mädchen nicht offensteht, und auch die Verteilung der Rollen innerhalb von Ehen und Familien hat sich massiv verändert. Die brave Hausfrau am Herd, deren Leben sich um die drei großen »Ks«, nämlich Kinder, Küche, Kirche dreht, ist bei den heutigen Frauen kaum noch zu finden.

Dass die Fortschritte bei der Gleichberechtigung der Frau im Berufsleben noch nicht so deutlich erkennbar und z. B. Frauen in den Führungsetagen immer noch unterrepräsentiert sind, hat eher damit zu tun, dass es die »Frauen-an-den-Herd«-Fraktion in der Politik bislang noch erfolgreich schafft, notwendige Maßnahmen wie den Ausbau der Ganztageserziehung von Kindern zu blockieren. Die Frauen würden schon wollen, man lässt sie aber nicht so richtig …

Obwohl noch nicht alles erreicht wurde, kann man festhalten: Diese Entwicklung ist der klare Beweis dafür, dass die Konstruktivisten mit ihrem Ansatz des Gender Mainstreaming recht haben. Es ist eindeutig gelungen, traditionelle Rollenmodelle zu verändern und auf diese Weise die strukturelle Benachteiligung der Frau deutlich zu verringern – und das innerhalb von wenigen Jahrzehnten.

Originellerweise ist diese Entwicklung gleichzeitig aber auch der beste Beweis dafür, dass die von manchen gerne als *Biologisten* bezeichneten »Gen-orientierten« Forscher auch recht haben. Im gleichen Maße, wie sich die Mädchen und

Frauen zu Gewinnern entwickelt haben, haben sich die Jungs nämlich als Verlierer herauskristallisiert. Man war zu Beginn der offensiven Mädchen- und Frauenförderung einfach davon ausgegangen, dass die Jungs das schon packen würden, selbst wenn man den Mädels einen kräftigen Schubs gibt. Nicht vorhergesehen wurde, dass die Jungs ganz offensichtlich unter den getroffenen Maßnahmen litten.

Es zeigte und zeigt sich nämlich deutlich, dass auf weibliche Bedürfnisse ausgelegte Konzepte zwar tatsächlich den Mädchen helfen, deren männliche Adaption bei den Jungs und Männern aber eben nicht funktioniert. Das, was z. B. in der Schule die Mädchen anspricht und sie motiviert, holt die Jungen nicht ab. Während die neuen Rollenmodelle offensichtlich den Nerv der Mädchen und jungen Frauen treffen, werden sie vom männlichen Geschlecht nicht wirklich angenommen. Oder wie es die Hard-Core-Gegner des Gender Mainstreaming formulieren würden: Der Versuch, aus kleinen Jungen kleine Mädchen zu machen, ist dramatisch gescheitert.

Die Ursache für dieses Problem ist aber sicher nicht, dass die angebotenen neuen männlichen Rollenmodelle falsch wären, ganz im Gegenteil: Die Jungen und Männer sollten sich im eigenen Interesse hin zu einer Männlichkeit entwickeln, die den Anforderungen des 21. Jahrhunderts gerecht wird, weg von Aggressivität und robuster Körperlichkeit und hin zu sozialer Kompetenz und Teamfähigkeit. Obwohl also eigentlich alles passt: Die Jungs ziehen einfach nicht mit.

Es ist bezeichnend, dass auf diese Fehlentwicklungen nicht von Seiten der Gender-Forschung hingewiesen wird – für die ist die Welt offensichtlich in Ordnung – sondern von Seiten der Soziologen und Pädagogen. Mit anderen Worten beklagen sich diejenigen, die sich mit den Konsequenzen dieser Entwicklungen herumplagen müssen. Jungs und Männer also, die erst in der Schule auf der Strecke bleiben und sich dann nahtlos zu Problemfällen und gesellschaftlichen Randgruppen weiterentwickeln.

Die Anhänger des Gender Mainstreaming kontern diese Vorwürfe dann gerne damit, dass ja nicht alle Jungs damit ein Problem haben, sondern nur eine Minderheit von geschätzten bis zu 20 % der Jungen und Männer. Es träfe vor allem Jungs und Männer mit Migrationshintergrund bzw. sozial Schwache, die aus Umfeldern mit besonders stark ausgeprägten, männlichkeitsfokussierten Rollenmustern stammen. Die Begründung: Wo ein Mann noch ein Mann sein muss und diese Rollenmuster im privaten Umfeld extrem stark verwurzelt sind, dort laufen die Bemühungen der Erziehungsinstanzen ins Leere. Kindergarten oder Schule können nicht das ausgleichen, was zuhause vorgelebt wird.

Diese Argumentation mag von den Zahlen her zwar stimmen, sie ist aber ebenso zynisch wie gesellschaftspolitisch fatal. Zynisch, weil man mit dem gleichen Argument auch jede Mädchen- und Frauenförderung hätte abschmettern können: Auch in den 50er- oder 60er-Jahren gab es schließlich Frauen, die ihren eigenen Weg gegangen sind. Bei denjenigen, die das damals nicht taten, so wäre die Interpretation bei gleichlautender Lesart, lag das ja »nur« am sozialen Umfeld und nicht etwa an den Rahmenbedingungen der Gesellschaft. Es ist schon ironisch, dass das weiblich orientierte Gender Mainstreaming heute mit den gleichen Argumenten verteidigt wird wie früher die Benachteiligung der Frau ...

Gesellschaftspolitisch auf dramatische Weise falsch ist diese Argumentation aber, wenn man bedenkt, dass immerhin jeder fünfte Junge/Mann durch das Raster fällt. Zum einen ist es genau dieses Fünftel, das der Gesellschaft dann in den folgenden Jahren extrem hohe Kosten verursacht; Hartz IV lässt grüßen. Dummerweise geht diese Klientel aber selten zur Wahl, was den Enthusiasmus und das Engagement der Politik für diese Gruppe doch deutlich bremst.

Zum anderen kann es sich ein High-Tech-Land wie Deutschland aus ökonomischer Sicht einfach nicht erlauben, die eigenen Ressourcen derart verkümmern zu lassen. Wir brauchen kluge, gut ausgebildete Menschen in unserem Land und da reicht es nicht, nur den Anteil der weiblichen Abiturienten und Studenten anzuheben. Dass die Zahlen bei den Jungs stagnieren, ist ein Riesenproblem, denn in Deutschland studieren insgesamt einfach noch zu wenige Menschen (selbst wenn man das beim Blick in überfüllte Hörsäle nicht recht glauben mag). Und hat sich eigentlich noch niemand gefragt, warum auch junge Männer immer weniger zu einem Ingenieurstudium zu bewegen sind, obwohl gerade hier große Nachfrage auf dem Arbeitsmarkt herrscht? Könnte das vielleicht damit zusammenhängen, dass die Jungs nun nicht mehr adäquat an Technikthemen herangeführt werden, ohne dass die Mädchen das mit größerer Nachfrage auffangen würden?

Und selbst wenn die negativen Konsequenzen mit ihrer vollen Wucht nur eine Minderheit betreffen, steht dahinter ein fundamentaleres Problem. Auch die 80 % »assimilierten« Jungs und Männer, die mit den neuen Rollenmodellen prinzipiell klar zu kommen scheinen, werden offensichtlich nicht adäquat behandelt. Wenn man sich die Schlagzeilen der Elternzeitschriften und Magazine ansieht wie z. B. …

> »Das gibt Jungen Kraft – Warum sie eine neue Erziehung brauchen«, ELTERN family 4/2010
> »Typisch Jungs, typisch Mädchen? Wie das Geschlecht die Erziehung beeinflusst und wer wirklich im Vorteil ist«, Familie & Co 10/2010
> »Muss man Jungen anders erziehen?«, Eltern 7/2009
> »So lernen Jungs, so lernen Mädchen«, Focus Schule 4/2009

dann liegt hier wohl etwas im Argen: Die Alltagswahrnehmung lehrt die Redaktionen und auch die Leser dieser Zeitschriften (und das sind in diesem Fall sicherlich nicht die bildungsfernen Migranten, bei denen zuhause der Pascha regiert!), dass die Jungen derzeit durch das Raster fallen und deswegen später als Männer womöglich Probleme haben werden, wenn man nicht gegensteuert.

Man merkt den Redaktionen und den von ihnen herangezogenen Experten dabei mit jeder Faser an, wie sehr sie darum bemüht sind, nichts zu sagen, was nicht gesagt werden darf. Wer in diesen Artikeln und Diskussionsbeiträgen nach Hinweisen für ein – wortwörtlich – *angeborenes* Verhalten von Jungen und Männern sucht, der sucht nach dieser Wortwahl vergebens. Es schwingt unterschwellig zwar immer mit, um diese Wortwahl wird aber herumlaviert. Wie gesagt: Wer sich zu sehr auf den Pfad der Genetik begibt, ist dem wissenschaftlichen Establishment der Gender-Forschung zum Abschuss freigegeben. Und wer gar männliche Vorbilder für die Jungen fordert, der wird gerne mit dem Vorwurf abgekanzelt, ja nur alte Rollenmodelle zementieren zu wollen, denn »das verschärft das falsche Männlichkeitsbild vieler Schüler nur«[7].

Stattdessen wird lieber windelweich und allgemein argumentiert, dass den Jungen die »passende Rollenvorbilder fehlen« (Stichwort Erzieher im Kindergarten), von »typischen Jungenmerkmalen«, dass Jungen »bestimmte Bedürfnisse« haben oder den »Raum körperlich erobern«[8] wollen. So klar wie es irgendwie geht, aber eben doch nicht so deutlich, wie es sein müsste …

---

7. Die Professorin für Schulpädagogik Hannelore Faulstich-Wieland im Streitgespräch mit dem Soziologen Klaus Hurrelmann in DER ZEIT: »Was hilft Jungen?«, 5. August 2010

8. Der Soziologe Klaus Hurrelmann in den gleichem Streitgespräch in DER ZEIT: »Was hilft Jungen?«, 5. August 2010

FORSCHUNG ZU DEN GESCHLECHTERN GEHT AUCH ANDERS

Dabei gibt es neben der Gender-Forschung auch noch andere Disziplinen, die sich explizit mit den (genetisch bedingten) Unterschieden zwischen den Geschlechtern beschäftigen – ohne dabei Gefahr zu laufen, alte Klischees zu bedienen. Nur drei Beispiele:

- Die Gender-Medizin untersucht, wie bzw. warum Männer und Frauen unterschiedlich krank werden. Nach Meinung der Expertin Vera Regitz-Zagrosek liegen übrigens 50 % der hier zu findenden Unterschiede in der Biologie ...[9]

- Die Medizin belegt auch, dass es die offensichtlichen Unterschiede beim Körperbau tatsächlich gibt: Männliche und weibliche Muskeln sind zwar prinzipiell gleich leistungsfähig, doch sind Männer nicht nur größer und schwerer, sie verfügen auch über 40 % Muskelmasse, Frauen dagegen nur über 30 % – Männer sind deswegen stärker. Allerdings scheinen Frauen besser für extreme Ausdaueranforderungen gewappnet zu sein.

- Die Gehirnforschung weiß mittlerweile sehr genau, dass das männliche und das weibliche Gehirn anders verschaltet sind, dass bestimmte Unterschiede im Verhalten bzw. in den Fähigkeiten also einfach »bauartbedingt« sind. Nur ein Beispiel: Das männliche Gehirn ist zwar um 9 % größer als das weibliche, dafür hat das weibliche Gehirn mehr Windungen und eine bessere Verbindung zwischen der rationalen linken und der emotionalen rechten Gehirnhälfte. Vermutlich deswegen lassen sich Frauen stärker von Gefühlen leiten.

---

9. Interview »Männer und Frauen werden unterschiedlich krank« im Tagesspiegel von 2.11.2009

Neben diesen physischen Unterschieden gibt es aber auch die psychischen: Bei Transsexuellen ist anerkannt, dass diese geistig in einem Körper mit dem falschen Geschlecht geboren wurden und dies nicht etwa durch eine »Fehlprägung« während der Kindheit entstanden ist: Transsexuelle Männer fühlen sich als Frau und umgekehrt. Die Krankenkassen bezahlen hier ggf. sogar die Geschlechtsumwandlung. Es gilt hier also allgemein als bewiesen, dass angeborene Geschlechtermerkmale nicht nur körperlich sind, sondern auch die Psyche betreffen.

Die tragische Geschichte des David Reimer: Nach einem Unglücksfall, bei dem sein Penis verstümmelt wurde, wurde der als Bruce geborene Junge 1967 als Zweijähriger zu einem Mädchen umoperiert und fortan als Mädchen Brenda großgezogen. Der amerikanische Psychologe John Money wollte mit diesem Experiment beweisen, dass die Geschlechteridentität nicht angeboren ist, sondern durch die Erziehung geprägt wird. Das Experiment scheiterte auf furchtbare Weise: Brenda wollte nie ein Mädchen sein und ließ sich mit 14, als er/sie die Wahrheit erfuhr, wieder zu einem Jungen operieren, der sich fortan David nannte. Im Jahr 2004 beging David Selbstmord. Was der schlagende Beweis für die Konstruktivisten hätte werden sollen, wurde für die Gegner zum dramatischen Gegenbeweis. Oder war es bei einem Zweijährigen vielleicht einfach nur schon zu spät für eine solche Operation und »Umerziehung« gewesen?

In der Einleitung habe ich es bereits erwähnt: Man geht davon aus, dass etwa die Hälfte der Unterschiede in der Tat genetisch bedingt sind – und das ist doch eine ganze Menge. Kritiker der Gender-Forschung bemängeln entsprechend,

dass fundamentale Erkenntnisse solcher anerkannter Disziplinen kaum Eingang in die Gender-Forschung finden: Hier
würde aus ideologischen Gründen einfach ausgeblendet, was
nicht sein darf (das biologische Geschlecht hat ja keinen Einfluss), um die Grundprämisse der eigenen Forschungsdiszip-
lin nicht in Frage stellen zu müssen.

Dass aber nicht alles anerzogen wird, zeigt die Lebensweis-
heit und beweist die Statistik. Es ist auffällig, dass quer durch
die Kulturen ähnliches Rollenverhalten bei Männern und
Frauen zu finden ist. Gäbe es keine geschlechtsspezifischen
Prädispositionen, hätten sich nach dem statistischen Gesetz
des Zufalls auch viele Kulturen entwickeln müssen, in denen
andere Rollendefinitionen zu finden sind, also die Frauen die
sprichwörtlichen Hosen anhaben.

Die Gender-Forscher werfen dagegen ins Feld, dass die andere Hälfte eben doch durch antrainiertes Rollenverhalten bedingt
wird und – um beim Beispiel der Gender-Medizin zu bleiben –
z. B. die größere Anfälligkeit von Männern für Herz-Kreislauf-
Erkrankungen durch deren Lebensweise bedingt ist. Dass Männer im Durchschnitt fünf Jahre früher sterben als Frauen, liegt
nicht an den Genen, sondern ist quasi eigene Dummheit, weil
Männer nicht so gut auf ihren Körper aufpassen.

Es ist ja wirklich so: Wenn also alles auf die Gene gescho-
ben wird, wie in vielen populär-wissenschaftlichen Büchern
üblich (z. B. die Bücher von Allan und Barbara Pearse zum
Thema weibliches Einparken und männliches Zuhören),
dann werden die Gene zu oft als eine bequeme Ausrede miss-
braucht, um einen unbefriedigenden und für Frauen eben
auch oft benachteiligenden Status Quo aufrecht zu erhalten.

Dass Geschlechtsidentitäten aber auch nicht in Stein ge-
meißelt sind, zeigen allein schon die Veränderungen in den
letzten Dekaden, in denen sich das Rollenverständnis in unserer Gesellschaft dramatisch verändert hat. Eine Rückkehr zu

alten Vorstellungen würde wieder mehr Frauen an den Herd zwingen, und wer außer ein paar katholischen Bischöfen will das schon ...

Beide Sichtweisen klingen also plausibel – doch was ist die *Wahrheit*?

Ich bin auf den letzten Seiten bewusst ein wenig Achterbahn gefahren und genüsslich zwischen den verschiedenen Positionen hin- und hergesprungen – genau das spiegelt nämlich den aktuellen Stand der Diskussion wieder. Auf jedes Argument gibt es ein passenden Gegenargument und so weiter und so fort.

Doch was sollen Eltern und Erzieher nun wirklich tun: Sollen sie gegen Geschlechterstereotype ankämpfen oder führen sie damit womöglich sogar »Kleine Machos in die Krise«[10] und sorgen für »Die Jungenkatastrophe«[11]?

DER AUSWEG AUS DER GESCHLECHTERKONTROVERSE

Das Grundproblem bei dieser Kontroverse liegt darin, dass es den agierenden Parteien einfach nicht gelingen will, zwei unterschiedliche Ebenen miteinander zu verbinden. Die eine Ebene ist dabei das statische, unveränderbare Konstrukt der Geschlechteridentität und die andere das Konstrukt des Rollenerwerbs, das eben nicht unveränderbar ist, sondern sich stets dynamisch an die Umwelt- und Erziehungsbedingung anpasst. Wo die eine Seite nur den fixen Fakt sieht, sieht die andere nur den variablen Entwicklungsprozess – und diese beiden Ebenen passen nicht zusammen.

---

10. Buchtitel: »Kleine Machos in der Krise: Wie Eltern und Lehrer Jungen besser verstehen« von Allan Guggenbühl
11. Buchtitel: »Die Jungenkatastrophe: Das überforderte Geschlecht« von Frank Beuster

Dennoch liegt der Ausweg aus dem Geschlechterdilemma genau hier, denn ganz offensichtlich müssen diese beiden Ebenen zusammengeführt werden. Derzeit ist es ungefähr so, als würde die eine Hälfte der Botaniker den Pflanzenwuchs nur auf die Bodenbeschaffenheit zurückführen und die andere nur das Klima berücksichtigen. Dabei spielt natürlich beides eine Rolle und Botaniker wissen das auch.

Der Grundschlüssel ist dabei das Aufbrechen des statischen Begriffes der Geschlechter*identität*, der so nicht stehen bleiben darf. Es kann definitiv nicht richtig sein, von einer angeborenen *Identität* auszugehen, die genau festlegt, wie Mann oder Frau sind bzw. sein können. Zu viele Beispiele belegen, dass es da eine Menge von Variationsmöglichkeiten gibt. Stattdessen ist es ganz offensichtlich so, dass man von einer abgemilderten Form der Geschlechter*veranlagung* ausgehen muss, die zwar gewisse Rahmenbedingungen schafft, innerhalb dieser Rahmenbedingungen aber eben auch viel Spielraum für die individuelle Entwicklung des Einzelnen lässt. Es handelt es sich also um einen Teil der angeborenen Geschlechterveranlagung, aber um den Teil dieser Veranlagung, der »verhandelbar« und variabel ist.

Man kann das mit dem Thema Intelligenz vergleichen: Jeder Mensch wird unterschiedlich intelligent geboren, hat also unterschiedliche Fähigkeiten und ein individuelles Potenzial. Dabei gibt es zusätzlich auch noch verschiedene Arten von Intelligenz: Ein mathematisches Genie kann sprachlich eine Niete sein und umgekehrt. Der entscheidende Punkt ist aber der: Wie viel jeder Mensch aus seiner angeborenen Intelligenz und Begabung macht, hängt von der Förderung durch die Umwelt ab. Die größte Intelligenzbestie wird zum Totalversager, wenn das Potenzial nicht entsprechend ausgenutzt werden darf, ein Minderbegabter kann es aber weit bringen, wenn er entsprechend gut und zielgerichtet gefördert wird.

Oder noch ein anderes Beispiel: Manche Menschen haben die angeborene Fähigkeit, über 100 Meter einen Weltrekord zu laufen. Ob sie das aber dann später auch tun werden, hängt davon ab, ob sie als Kind entdeckt und dann entsprechend gefördert werden.

Es liegt also vieles in den Genen, doch stellen diese eben nur die Grundlage für das dar, was dann in der Erziehung und Sozialisation an individuellen Entwicklungen folgt – im Guten wie im Schlechten.

Damit stellt sich also die Frage: Was genau ist dieses »Weltmeister-Gen« bzw. die »Intelligenz«, die uns als Geschlechterveranlagung mit auf den Weg gegeben wird?

Die Antwort lautet: Es sind geschlechtsspezifische *Grundbedürfnisse*.

JUNGEN UND MÄDCHEN SIND SKLAVEN IHRER GRUNDBEDÜRFNISSE

Meine ganze Tätigkeit als Kinder- und Jugendforscher und alle meine Analysen fußen auf der Erkenntnis, dass unser Verhalten nicht zufällig entsteht, sondern die Konsequenz aus feststehenden emotionalen *Grundbedürfnissen* ist. Diese Grundbedürfnisse treiben uns Menschen an und bringen uns dazu, Dinge zu tun oder zu lassen. Wir alle sind sozusagen Sklaven unserer Grundbedürfnisse, und damit sind natürlich auch die Mädchen/Frauen gewissermaßen komplett versklavt – ebenso wie die Jungs/Männer.

Einige dieser Grundbedürfnisse sind absolut universell, z. B. bei Kindern der Wunsch nach elterlicher Liebe. Kinder werden immer alles tun, um von ihren Eltern geliebt zu werden, egal wie schlecht diese sie behandeln. Das geht sogar so weit, dass selbst Prügel von den Kindern als »Liebesbeweis« interpretiert werden, wenn sie keine andere Form der Zuwendung von ihren Eltern bekommen können. Ein anderes universelles Grundbedürfnis bei Kindern ist der Wunsch, sich weiterzuentwickeln, selbstständig zu werden, dazuzulernen. Kinder sind wie Schwämme, die begierig alles aufsaugen, was man ihnen an Wissen und Erfahrungen anbietet. Gute Erziehung bietet entsprechend viel Liebe und Halt als das notwendige, sichere Fundament, um den Kindern dann mit viel intellektueller und körperlicher Herausforderung die Möglichkeit zur Weiterentwicklung der eigenen Fähigkeiten zu geben.

Bei Jugendlichen sind die treibenden Grundbedürfnisse dann später das Finden der eigenen Identität und die Loslösung von den Eltern bzw. natürlich vor allem das Entwickeln und Ausleben der eigenen Sexualität. Über alle Altersgruppen hinweg ist außerdem die Neugierde, der Wunsch nach Abwechslung ein zentraler Treiber: Jedes Neue, das sich ein Kind oder Jugendlicher erschließt, ist schließlich ein Schritt nach vorne in der eigenen Entwicklung, weil man gleichzeitig etwas Altes hinter sich lassen kann.

Grundbedürfnisse müssen dabei nicht unbedingt immer etwas absolut Positives sein. Wir tragen z. B. alle in irgendeiner Form den Wunsch nach »Haben-Wollen« bzw. in negativer Ausprägung auch Neid und Missgunst in uns – und das kann ebenfalls eine extrem starke Triebfeder für das Verhalten nicht nur unter Kindern im Sandkasten, sondern auch von Erwachsenen sein.

Diese universellen Grundbedürfnisse sind in allen Kulturen zu finden: Sie waren, sind und werden immer der Schlüssel zum Verständnis menschlichen Verhaltens sein. Sie bilden im Marketing von Unternehmen beispielsweise auch die Grundlage für Werbekampagnen und Markenstrategien, die international über alle Grenzen hinweg und quer durch alle möglichen Lebensbereiche funktionieren. LEGO hilft Kindern in allen Ländern, die Welt schrittweise zu erkunden und zu strukturieren, Modemarken wie H&M helfen Mädchen in zahlreichen Ländern, durch das Ausprobieren verschiedener Looks schließlich ihren eigenen Style zu finden und Coca-Cola verspricht in allen Ländern viel (Trink-)Spaß. Auch unser Leben und Handeln als Erwachsene dreht sich vor allem um diese Grundbedürfnisse.

Doch über die richtige Ansprache der relevanten Grundbedürfnisse lassen sich nicht nur Produkte verkaufen, sondern eben auch sinnvolle Ideen, Handlungsweisen und Einstellungen vermitteln.

Das Grundproblem vieler pädagogischer Ideen und Ansätze ist dagegen, dass sie viel zu verkopft und rational sind und eben nicht die fundamentalen Grundbedürfnisse der Menschen berücksichtigen. Man kann diese Ansätze wunderbar erklären und mit Argumenten belegen – doch bewirkt das am Ende oft leider gar nichts. Gleiches gilt auch für das Thema Gleichberechtigung der Frau: Ich denke, jeder moderne Mensch wird das Anliegen dahinter verstehen und bejahen, ein paar ewig Gestrige einmal ausgenommen. Wenn ich persönlich Meldungen über den letzten Stand der Benachteiligung der Frauen und die berechtigten Vorwürfe lese, die uns Männern in diesem Zusammenhang gemacht werden, dann schrumpfe ich zu einem Häuflein Elend zusammen und schäme mich ganz fürchterlich ob der Schlechtigkeit meiner Geschlechtsgenossen. Ich kann den gerechten Zorn der vielen KämpferInnen für das Frauenrecht verstehen und ihren klugen Argumenten folgen – wie wohl die meisten anderen Männer und Frauen auch. Die Argumente sind gut und richtig, doch bewirken sie leider kaum etwas – weil sie auf der rationalen Ebene stehen bleiben. Hinter den Argumenten steht nämlich ein Menschenbild, dass von einem vernünftigen, logisch denkenden und rational abwägenden Homo Sapiens ausgeht. Schön wär's ...

Wir Menschen sind aber vor allem zutiefst emotionale Wesen und wir werden angetrieben von Bedürfnissen und Motiven, die sehr oft eben nicht rational erklärbar und oft nicht einmal vernünftig sind. Wenn man uns Menschen verstehen will, muss man akzeptieren, dass man uns zwar alles wunderbar erklären kann, wir dann aber trotzdem genussvoll das genaue Gegenteil tun. Verhalten kann man so gut wie gar nicht durch gute Argumente verändern. (Wer das nicht glaubt, sollte nur an die vielen rauchenden Ärzte denken ...)

Und jetzt muss es dann wirklich heraus: Ja, es gibt auch *geschlechtsspezifische Grundbedürfnisse.* Das Verhalten von Mädchen wird durch andere Motive und emotionale Bedürfnisse angetrieben als das von Jungen. Und somit befinden wir uns in dem Bereich der Geschlechteridentität, der in der Tat in den Genen liegt. Es geht hier auch nicht nur um marginale Unterschiede. Was ich in meiner täglichen Arbeit mit Jungen und Mädchen bzw. auch mit erwachsenen Männern und Frauen erlebe, sind fundamentale Diskrepanzen. Und diese werden von der Gesellschaft vielleicht weiter verstärkt und gefestigt, aber eben nicht neu geschaffen. Und ich erlebe es auch immer wieder, wie alle Versuche scheitern, gegen diese Grundbedürfnisse anzukommen.

GRUNDBEDÜRFNISSE KÖNNEN KANALISIERT WERDEN

Ich bin fest davon überzeugt, dass es die Grundbedürfnisse sind, die unsere geschlechtsspezifische Veranlagung ausmachen. Ich verwende hier bewusst nicht den Begriff »Trieb«, denn »Trieb« hat für mich etwas Animalisch-Unveränderbares und

Ausschließliches. Stattdessen sind die geschlechtsspezifischen Grundbedürfnisse wie die angeborene Intelligenz, die nur darauf wartet, entsprechend entwickelt und kanalisiert zu werden.

Denn auch das ist eine Erfahrung aus meiner Arbeit: Grundbedürfnisse aller Art, egal ob unisex oder geschlechtsspezifisch, muss man zunächst einmal komplett wertfrei und neutral sehen. Es kommt nämlich darauf an, was man daraus macht.

Um noch einmal das Beispiel Neid bzw. »Haben-Wollen« aufzugreifen: Das kann zum einen dazu motivieren, sich selbst mehr anzustrengen und mehr aus seinen eigenen Möglichkeiten zu machen, es kann aber auch in Form von sozialer Kontrolle dazu führen, dass Ungleichgewichte und Ungerechtigkeiten abgebaut werden. Eine »Neidgesellschaft« schreit schließlich nach Ausgleich …

Darum wird es in diesem Buch also gehen: Zunächst zu erklären und zu belegen, welches denn die jeweiligen geschlechtsspezifischen Grundbedürfnisse sind, und zu verdeutlichen, warum sich menschliche Männchen und Weibchen so verhalten, wie sie es tun. Ich werde das oft auch mit Hilfe von Beispielen aus den Medien machen, denn nirgendwo sonst treten die geschlechtsspezifischen Besonderheiten so klar hervor wie dort.

Und dann soll aber auch gezeigt werden, wie man sich diesen genetischen Ballast der beiden Geschlechter zunutze machen kann, um ihnen im Rahmen ihrer Bedürfnisse und Fähigkeiten gerecht zu werden.

Die Grundaussage dieses Buches lautet deswegen auf den Punkt gebracht:

Es gibt eine angeborene Geschlechterveranlagung bei Jungen und Mädchen, und diese manifestiert sich in ihren geschlechtsspezifischen Grundbedürfnissen. Diese Veranlagung kann aber so kanalisiert und auch instrumentalisiert werden, dass klassische Rollenmuster durchbrochen werden können.

Ich werde zum einen zeigen, dass es sehr wohl ein »Typisch Junge« und »Typisch Mädchen« gibt und dass diese spezifischen Besonderheiten berücksichtigt werden müssen, wenn man Jungen und Mädchen gerecht werden will. Wer gegen diese Veranlagung arbeitet, beschneidet Jungen und Mädchen in ihren Möglichkeiten.

Ich will aber auch zeigen, dass man Jungs und Mädchen dazu bringen kann, tradierte und stereotype Rollen zu überwinden – sogar gerade dann, wenn man sie bei ihren geschlechtsspezifischen Bedürfnissen abholt. Und dass hierin die Herausforderung liegt, um Jungen und Mädchen auf die gesellschaftlichen Herausforderungen des 21. Jahrhunderts vorzubereiten.

Damit ist das Buch weder eine Absage an diejenigen, die Rollenstrukturen aufbrechen und verändern wollen, noch ein Loblied auf die Macht der Gene. Es liefert die aus meiner Sicht schon lange fällige Verbindung zwischen den beiden Seiten – frei von ideologischen Zwängen und ganz auf der praktischen Erfahrung eines Jugendforschers beruhend.

Nachdem die Fronten nun hoffentlich klar sind, zurück zur Schwarzen Prinzessin und dem Rosa Ritter …

SCHWARZE PRINZESSINNEN?

MÄDCHEN DÜRFEN ALLES

Die Schwarze Prinzessin aus meinem kleinen Märchen durchläuft aus Mädchensicht ein wahres Wechselbad der Identitäten und Eigenschaften: von »Schön« über »Cool« und »Süß« hin zu »Lieb« – um dann abrupt bei »Fies« und »Grausam« zu enden. Was für ein Absturz innerhalb weniger Zeilen – warum darf eine Prinzessin nicht einfach mal killen, wenn ihr der Sinn danach steht? Ganz klar: Diese Form der mehr oder weniger sinnlosen Gewalt zählt nicht zum allgemein akzeptierten Handlungsrepertoire für Prinzessinnen (und Prinzen!) jeder Art.

Aber mal ganz ehrlich: Waren Sie verblüfft, als die liebreizende Prinzessin ihren schwarzen Kampfanzug enthüllte und sich auf das Motorrad schwang? Waren Sie gar schockiert, als die gleiche, toughe Prinzessin dann dem süßen Rehkitz einen Blumenkranz flocht? Doch sicher nicht wirklich, oder? Und wenn Sie sich über die Brutalität der Prinzessin zum Ende des Märchens gewundert haben, dann doch eher, weil hier allgemeingültige Regeln und gesellschaftliche Konventionen übertreten wurden und nicht etwa, weil da ein Mädchen total aus der Rolle gefallen ist.

Das heißt im Grunde nichts anderes als: Die Mädels können heute machen, was sie wollen. Es gibt nichts mehr, was nicht auch für Mädchen/Frauen möglich und erreichbar wäre, egal ob Astronautin, Bundeskanzlerin oder Soldatin im Kampfeinsatz. Entsprechend schwer fiel es mir, bei meinem Märchen mit tradierten Rollen zu brechen, man möge mir das also bitte nachsehen.

Ich wollte aber auch auf etwas anderes hinaus. Die Schwarze Prinzessin aus dem Märchen stellt weitestgehend ein ideales Rollenbild für die moderne Frau dar, wenn man einmal die ominösen letzten Passagen des Märchens ausklammert. Und ähnliche positive Rollenmodelle gibt es viele – man muss nur die zahllosen Frauenzeitschriften durchblättern, um verschiedenste Beispiele für mehr oder weniger normale Frauen zu finden, die es »geschafft« haben, d. h. dem »Mütterchen am Herd«-Schicksal erfolgreich entkommen sind.

Da stellt sich für mich als naivem Mann natürlich gleich die Frage: Wenn Mädchen/Frauen also prinzipiell die gleichen beruflichen Möglichkeiten geboten werden und sie dann auch noch bessere Voraussetzungen durch ihre schulischen Leistungen haben, warum nutzen die das dann nicht aus? Warum machen die nicht einfach alles?

- Warum liegen bei den Mädchen immer noch traditionelle, oft aber eher brotlose Mädchenberufe in der Gunst so weit vorne, und warum sind Mädchen trotz vielfältiger Versuche wie dem Girls Day[12] nicht für technikorientierte Berufe zu interessieren – selbst wenn diesen in einem technologieorientierten Land wie Deutschland klar die Zukunft gehört?

- Warum sind selbst in traditionell weiblichen Berufsfeldern die Chefs oft Männer, z. B. die Chefkochs in den meisten Sternerestaurants? Warum sind soviel mehr Männer in politischen Parteien, Verbänden oder Vereinen in führender Position aktiv?

- Wieso lassen sich Frauen offensichtlich mit niedrigeren Gehältern abspeisen als Männer und bestehen nicht auf dem, was sie wirklich wert sind?

---

12. Beim Girls' Day werden seit 2001 Mädchen in Betriebe geführt, in denen traditionell eher »Männerberufe« ausgebildet werden. Das Ziel ist, die Mädchen für diese Berufe zu begeistern und weg von ihren üblichen Ausbildungspfaden zu lotsen – allerdings mit eher bescheidenem Erfolg.

DAS »PIPPI-ANNIKA-SYNDROM«

Ich nenne das gerne das »Pippi-Annika-Syndrom«, abgeleitet von den Pippi-Langstrumpf-Geschichten. Um es gleich auf den Punkt zu bringen: Die einzigen weiblichen Wesen, die Pippi Langstrumpf als Figur wirklich toll finden, sind Erzieherinnen, Lehrerinnen und eine bestimmte Sorte Mütter. Die wünschen sich nämlich, dass ihre kleinen Mädchen so nonkonformistisch und stark werden wie Pippi – bis die Mädels dann wirklich so werden und damit unerziehbar sind. Das finden die genannten weiblichen Wesen dann wiederum weniger witzig.

Pippi Langstrumpf ist aber eigentlich gar keine Figur, die Mädchen/Frauen wirklich anspricht: Wer so albern angezogen und dermaßen auf Krawall gebürstet ist, mag vielleicht als Freundin okay sein, denn sie verspricht schließlich viel Abenteuer und Action. Aber dennoch: Kein Mädchen will wirklich so sein wie sie. Traurig, aber wahr: Die große Mehrheit gerade der jüngeren Mädchen identifiziert sich eher mit der langweilig-ängstlichen Annika.

Ja, ich weiß: Gleichberechtigung fängt bekanntlich im Kopf an, und der berechtigte Vorwurf lautet, dass die Möglichkeiten zur Gleichberechtigung zwar geboten, die Mädchen aber nicht konsequent in diese Richtung erzogen werden. Mädchen werden nicht dazu ermutigt, Risiken einzugehen und auch mal egoistisch zu sein, sondern sie werden eher behütet und in Richtung Konsens und Anpassung geschubst. Während von Jungs fast erwartet wird, dass sie sich zumindest ab und zu als Rabauken aufführen, werden Mädchen dafür gelobt, wenn sie lieb, brav und nett sind. Und so entstehen dann eben viele kleine Annikas, die später zu großen Hausmütterchen heranreifen und im traditionellen Rollenschema ihre Erfüllung finden.

Doch ganz offensichtlich ist die Frage der Gleichberechtigung nicht nur eine Frage der Erziehung bzw. der angebotenen Möglichkeiten, denn sonst müssten die vielen Angebote und vorhandenen Rollenmodelle langsam doch etwas stärker fruchten. Ich beobachte die Entwicklung schon seit langem und ich habe in den letzten Jahren zahlreiche Medieninhalte, Werbungen, Kommunikationskonzepte usw. zu den unterschiedlichsten Themen mit Kindern und Jugendlichen beforscht – beim weiblichen Geschlecht auch oft mit dem expliziten Ziel, ein anderes Mädchenbild zu etablieren bzw. eine andere Art von Mädchen anzusprechen. Es ist ja beispielsweise auch für Unternehmen viel toller, wenn ihre Produkte von selbstbewussten Jung-Konsumentinnen verwendet werden anstatt von harmlosen, angepassten Mädchen. Welche moderne Produktmanagerin will schon solche braven Herzchen als Kunden haben?

Entsprechend wurden z. B. Figuren geschaffen, die wie die Schwarze Prinzessin stark und selbstbewusst sind, die ihren eigenen Weg gehen und gesteckte Ziele auch erreichen. Da wurden Heldinnen gezeigt, die stark und selbstständig waren, doch die Mädchen fanden sie »angeberisch« oder »für Jungs« – und damit waren diese Heldinnen für den weiteren Gebrauch disqualifiziert. Es wurden auch Situationen gezeigt, in denen Mädchen sich als cleverer, stärker oder in anderer Weise herausragend verhalten haben – die Mädchen fanden das zwar okay, doch zeigten sie sich davon nicht angeregt und involviert. Erfolg schien sie nicht zu interessieren.

Es wurden auch eine Menge Mädchen-Figuren entwickelt, die einmal nicht den gängigen Schönheitsidealen entsprachen. Da gab es eher burschikose Figuren, andere waren wild oder auch nur normal angezogen, doch die Mädchen fanden sie nicht schön genug und kehrten lieber zu ihren Feen und Prinzessinnen zurück. Es wurden Tiere gezeigt, die nicht süß und kuschelig waren, sondern naturalistisch, doch die Mädchen haben sie gnadenlos vermenschlicht. Verschiedenste Puppen und andere Spielzeuge haben den Mädchen die Möglichkeit geboten, ihre zukünftigen professionellen Karrieren spielerisch auszuprobieren. Wenn man alleine bedenkt, welche Jobs die Barbie-Puppe schon hatte, was sie für die Zeitschrift EMMA zur Vorkämpferin der Emanzipation machte![13] Allesamt tolle Vorschläge, die der Idee der Gleichberechtigung Rechnung tragen – nur haben sie die Mädchen nicht interessiert. Es waren auch Ansätze dabei, die die Mädchen klar in die eigene Zukunft führten, ihnen also einen möglichen nächsten Schritt in ihrer eigenen Entwicklung z. B. in Richtung Jugend aufzeigten und deswegen eigentlich »cool« sein sollten. Trotzdem: Die Mädchen fanden es einfach nicht gut.

PRINZESSINNEN HABEN EIN »MÜTTER-GEN«

68% der 6- bis 12-jährigen Mädchen mögen es, sich um Tiere, Kinder oder Pflanzen zu kümmern – aber nur 42% der Jungen.*

Der Grund für das fehlende Interesse an den ganzen gutgemeinten Angeboten – Sie ahnen es schon – war eigentlich immer der gleiche: Die Mädchen wurden nicht bei ihren Grundbedürfnissen abgeholt.

Und somit befinden wir uns in dem Bereich der Geschlechterveranlagung, der in der Tat in den Genen liegt. Und darum, was das für Mädchen und Frauen bedeutet, genau darum soll es nun gehen.

Achtung, jetzt wird es hochgradig politisch unkorrekt!

Denn wenn der Pfad des politisch-gesellschaftlichen Konsenses schon verlassen wird, warum dann nicht auch gleich

---

13. »Barbie wird fünfzig! Barbie ist ungesund für die Emanzipation? Alles Quatsch, findet Milena Moser.« EMMA März/April 2009

mit dem absoluten Tabu-Hammer beginnen: Ja, es gibt ein »Mütter-Gen« bei Mädchen/Frauen.

Es ist Mädchen/Frauen offensichtlich ein angeborenes Grundbedürfnis, sich um andere Lebewesen zu kümmern, seien es Babys, Tiere oder Pflanzen. Die meisten Männer werden hier nie den Enthusiasmus entwickeln, den die meisten Frauen wie von selbst entfalten. Die Beispiele, die dies beweisen sind vielfältig: Dazu zählt z. B., dass Mädchen/Frauen viel stärker auf das Kindchenschema mit großen Augen und vorgewölbter hoher Stirn reagieren, als es das männliche Geschlecht tut. Es ist auch erwiesen, dass Frauen in Katastrophensituationen ihre Kinder beschützen, während das sogenannte »starke Geschlecht« lieber abhaut und den eigenen Hals rettet. Vergessen Sie also »Frauen und Kinder zuerst«, wenn Sie mal mit Männern auf einem untergehenden Schiff sind …

Wenn kleine Mädchen mit Puppen spielen, dann kann man ja noch so tun, als würden diese »nur« das Verhalten ihrer Mutter nachspielen. Das machen kleine Jungs ja gelegentlich auch. Doch wenn sich dieses Grundbedürfnis bei älteren Mädchen auf Tiere verlagert (egal ob virtuell beim Computerspiel, über Pferdeposter im Kinderzimmer oder mit tatsächlichen Tieren), selbst wenn keine Viecher in der Nachbarschaft sind, dann wird schon deutlicher, dass hier ein systematisches Handlungsmuster zugrunde liegt. Ich will hier auch nicht von der Torschlusspanik sprechen, die viele kinderlose Frauen ab 30 befällt, sondern lieber auf die Damen in höherem Alter hinweisen, die schließlich auch wieder im Tierreich enden, wenn das Schoßhündchen zum Kinderersatz wird.

Der Fakt an sich, sprich dieses elementare Grundbedürfnis ist also eigentlich evident und kaum zu übersehen. Vielleicht wundern Sie sich sogar etwas, dass ich diesen doch eigentlich so selbstverständlichen Punkt als absolutes Tabu-Thema dramatisiert habe? Aber mal ehrlich: Haben Sie in letzter Zeit vielleicht mal einen Artikel darüber gelesen? Gab es gar einen lobenden Kommentar über diesen Mutterinstinkt? Wohl sicher nicht!

Man darf ja mittlerweile sogar sagen, dass Männer einen Killerinstinkt haben[14], aber festzustellen, dass Mädchen und Frauen einen Mutterinstinkt haben, bringt einen sofort massiv in die Bredouille und löst quasi automatisch eine volle Breitseite moralischer Entrüstung aus! Denn die unmittelbare Konsequenz aus dieser Feststellung lautet natürlich, dass Frauen sprichwörtlich zur Mutter geboren sind. Wer diesem Geiste folgt, der darf dann auch gleich die Elternzeit für Väter als »Wickel-Volontariat« verspotten. Und das war's dann mit der schönen Gleichberechtigung: Alle Frauen bitte, zack-zack, zurück an Herd und Wickeltisch …

Also: Ideologisch mehr belastet kann eine Aussage kaum sein. Man darf das vielleicht denken, aber auf keinen Fall laut sagen, wenn man nicht als reaktionär und frauenfeindlich gelten will. Ich lasse diese Aussage aber trotzdem erst einmal so stehen – ich werde später noch versuchen, meinen Kopf aus der Schlinge zu ziehen. (Die geneigten LeserInnen mögen bitte so gnädig sein, mir die Chance dazu zu geben.)

Die Schwarze Prinzessin aus meinem kleinen Märchen hat einerseits mehrfach diesem Mutterinstinkt entsprochen, sie war z. B. nett zum Rehkitz und zuerst ja auch zum Drachen. Ja: Sie hat sich stereotyp und rollenkonform verhalten, damit aber eben auch ein substantielles, weibliches Grundbedürfnis angesprochen. Dagegen war der Gewaltausbruch am Ende natürlich nicht hiermit vereinbar.

Um es mal klar zu sagen: Dass Figuren dieser Art, von der Krankenschwester in der Schwarzwaldklinik bis hin zu den Avataren in Computerspielen wie den Sims vor allem Mädchen und

---

14. »Prinzipiell glaube ich, dass man jeden Mann zum Killer machen kann«; Zitat aus einem Interview mit dem Neuropsychologen Thomas Elber, Quelle: »Im Killer-Modus«, Süddeutsche Zeitung 28./29. August 2010

Frauen ansprechen, liegt einfach daran, dass man sie mit einem ihrer wesentlichsten Grundbedürfnisse abholt. Mit Pokémon funktioniert sogar ein Konsolenspiel bei Mädchen, im dem extrem viel gekämpft wird – weil es hier unter anderem auch intensiv um das Sammeln und Pflegen von den süßen Pokémons geht.

Entsprechend ist der sympathischste Zug von Pippi Langstrumpf auch, wie sie sich um Herrn Nilsson und Kleiner Onkel kümmert. Das heißt umgekehrt aber auch, dass eine Figur, die dieses Grundbedürfnis negiert, niemals die Herzen des weiblichen Geschlechts gewinnen kann.

PRINZESSINNEN MÖGEN'S SCHÖN

73% der 6- bis 12-jährigen Mädchen mögen es, wenn Dinge besonders schön aussehen – aber nur 47% der Jungen.*

Dass die Prinzessin wunderschön ist, der Garten bezaubernd, die Kaninchen süß, all das ist natürlich auch einem weiblichen Grundbedürfnis geschuldet. Wo alles schön ist, gibt es keine Ecken und Kanten, sondern Harmonie. Streit, Ärger, Wettkampf und ähnliche böse Dinge haben da keinen Platz. Achten sie mal darauf: Alle beliebten weiblichen Figuren sind optisch mehrheitsfähig, sie polarisieren nicht einmal. Kennen Sie außer der TV-Sitcom Darstellerin Roseanne Barr noch andere weibliche Hauptdarstellerinnen, die nicht halbwegs vorzeigbar wären?

Aber keine Angst, ich mache es nicht noch schlimmer und komme nun nicht auch noch mit einen »Unbedingt-gefallen-wollen-Gen« an. Denn es gilt umgekehrt nämlich auch: Nur ganz junge Mädchen finden extrem hübsche und perfekte Figuren gut, älteren Mädchen, Jugendlichen und Frauen ist zu viel Perfektion dagegen eher suspekt. Auch hier ist auffällig:

Die weiblichen Bösewichter sind in vielen Filmen und Serien viel makelloser als die Guten, die dann meistens doch den bestimmten »Knick in der Schönheit« haben wie z. B. die etwas zu groß geratene Nase.

Hinter dem Wunsch nach »Schönheit in Maßen« steckt ein weiteres zentrales Grundbedürfnis der Mädchen/Frauen, nämlich das nach Integration.

Natürlich möchten auch Mädchen und Frauen in ihrer Identität und Besonderheit wahrgenommen und akzeptiert werden, doch geht dieser Wunsch nach Individualität nur so weit, wie es die Normen in der Umwelt, der eigenen Gruppe zulassen. Dass Mode vor allem ein weibliches Thema ist, ist entsprechend kein Zufall: Hier werden die Regeln gesetzt, was angesagt ist und was nicht – Mode ist damit ein zutiefst integrativ wirkendes Thema.

Liebe Frauen: Wenn Männer sich nicht so stark an der Mode orientieren, dann hat das weniger mit fehlendem Modebewusstsein zu tun, sondern viel stärker damit, dass der integrative Aspekt ihnen relativ egal ist. Welcher Mann muss denn auch schon beißende Kommentare von anderen Männern erwarten, wenn er modisch mal daneben greift? In stark konsensorientierten Kulturen wie in Italien sind die Männer zwar deutlich modeorientierter als bei uns in Deutschland, stehen hier aber immer noch hinter dem weiblichen Geschlecht zurück.

Was für das Aussehen gilt, gilt auch für das Verhalten: Reale Personen oder Figuren in Geschichten werden nicht nach ihren eigenen Fähigkeiten beurteilt, sondern eher danach, wie sie sich in der Gemeinschaft verhalten. Jemand kann noch so schön, stark und klug sein: Wenn diese Person nicht sozial kompatibel ist, hat sie bei Mädchen und Frauen kaum Chance auf Akzeptanz. Die Fähigkeiten und Eigenschaften der Person müssen also immer auch der Integration dienlich sein – und da ist ästhetisch Ansprechendes klar im Vorteil – wenn es einen halt nicht zu sehr exponiert.

PRINZESSINNEN TRÄUMEN SICH IN HEILE WELTEN

Mädchen und Frauen suchen aber nicht nur nach Schönheit im Menschen, sondern auch nach einer Umgebung, nach Situationen, in die man sich hineinfallen lassen kann, die irgendwie auch »schön« sind. Haben Sie sich schon mal gefragt, warum es in vielen typischen »Frauenfilmen« so viele tolle Landschaftsaufnahmen oder schöne Räume und Häuser zu sehen gibt? Dass die Häuser und Wohnungen in Fernsehserien immer sauber und perfekt aufgeräumt sind? Heile Welt in Reinkultur!

Das beste Beispiel ist derzeit die Zeitschrift »Landlust«: Da wird eine komplette ländliche Lebenswelt aufgebaut, vom Kochen über Einrichtung bis hin zu Gartentipps, in die sich die vom Stadtleben gestresste und vielleicht auch etwas überforderte Frau hineinträumen kann. Natürlich fehlen dabei die ganzen nervigen Nebeneffekte, die ein Leben auf dem Land auch mit sich bringen kann. Eskapismus pur – die perfekte Zeitschrift für die kleine Flucht aus dem Alltag.

Weil solche harmonischen Eskapismus-Welten so wichtig sind, funktionierte die Schwarze Prinzessin entsprechend in dem Moment für Mädchen/Frauen besonders gut, als man durch ihre Augen den Garten des Drachens in seiner ganzen Schönheit erleben konnte.

Das Prinzip ist immer das Gleiche, egal ob es um die »Landlust«, Comic-Geschichten für Mädchen mit einer heilen Pferdewelt oder um Parfum-Werbungen für junge Frauen geht: Es werden Welten erschaffen, in die frau sich hineinprojizieren, sich hineinversetzen kann. Diese aufgebaute Welt ist oft viel wichtiger als die agierenden Personen in der Geschichte selbst – die Hauptdarstellerin dient hier weniger als Identifikationsobjekt, sondern ist eigentlich nur die »Eintrittskarte« in diese schönere Welt – deswegen kann so eine Figur durchaus auch mal männlich sein – siehe Hansi Hinterseer.

Die Mädchen und Frauen projizieren sich in Lebenswelten hinein und fühlen und leben mit den Akteuren dieser Welten mit, egal ob diese »Hannah Montana«, »Tokio Hotel« oder »Sex and the City« heißen. Will man Mädchen oder Frauen gewinnen, darf man ihnen also keine tollen Persönlichkeiten oder besondere Vorbilder vorsetzen, denn das interessiert sie nur am Rande. Viel spannender (und ggf. auch nachahmenswerter) sind deren Lebensumstände und Lebenswelten.

Achten Sie mal auf die Unterschiede in Zeitschriften für Männer und Frauen: Während Jungs/Männer sich für das Tun und die Leistungen ihrer Figuren interessieren und diese entsprechend z. B. in Sportzeitschriften aus jedem Blickwinkel durchgekaut werden, interessieren sich Mädchen/Frauen für die Lebenswelt (siehe die ganzen Home Stories zu den Villas der Stars) und das Beziehungsgeflecht um ihre Lieblinge – Letzteres wird von unwissenden Männern gerne auch Klatsch genannt …

Innerhalb dieser Welten dürfen die Personen dann auch mal zwiespältig sein: Keine Frau möchte z. B. so sein wie Carry und ihre überdrehten Freundinnen aus »Sex and the City« – aber allen macht es Spaß, in deren Lebenswelt einzutauchen und deren Eskapaden mitzuerleben. Ich habe mal in einer Gruppendiskussion Mädchen im Alter von 16 Jahren gefragt, was denn für sie so toll daran sei, frustrierten Hausfrauen in der Serie »Desperate Housewives« zuzusehen. Die Antwort: Die Frauen sind alle so »krank«, dass man nie so werden will wie sie, aber es ist halt lustig zu sehen, wie die sich aufführen.

Wenn Mädchen mit Casting-Shows wie »Deutschland sucht den Superstar«, »Germany's next Top Model« oder »Popstars« mitfiebern, dann nicht etwa, weil sie selbst auch Stars sein wollen oder bestimmte Stars als Person verehren. Vielmehr erleben sie deren Weg zum Ruhm mit, versetzen sich in die Rolle der Personen und erleben so stellvertretende Erfüllung. Und natürlich wollen sie dann auch, dass diese

Stars erfolgreich sind, und kaufen die entsprechenden CDs. Dass es aber der Weg zum Star war, der hier mitgerissen hat, und nicht etwa der Star selbst, zeigt das Loch der Bedeutungslosigkeit, in das die Casting-Helden schnell fallen. Anstatt ihnen die Treue zu halten, fiebern die Mädchen lieber mit der nächsten Generation mit …

Und noch ein Beispiel aus der Welt der Stars: Derzeit wird in allen Jugendzeitschriften in epischer Breite über die sogenannte »Hollywood-Clique« berichtet. Das ist eine Gruppe von Jungstars wie Vanessa Hudgens, Selena Gomez, Miley Cyrus, Zac Efron & Co, die jedes Mädchen zwischen 7 und 15 Jahren aus Filmen wie High School Musical und TV-Serien wie Hannah Montana kennt. Die Berichte über diese Clique – und ich persönlich habe keine Ahnung, ob diese Stories wirklich wahr sind oder nur clever erdachte PR-Fakes – werden von der jungen Zielgruppe begierig aufgesogen. Da wird nämlich das Cliquenleben in allen seinen Facetten ausgebreitet, egal ob Shoppen, Intrigen, Parties, Liebesbeziehungen oder handfester Streit: Da findet alles statt, was das Cliquenleben ausmacht – und die Mädchen sind durch die Zeitschriften hochinteressierte Beobachterinnen. Wenn Sie so wollen, ist die Hollywood-Clique aber nur das junge Pendant zu den ganzen Celebrities und Royals, die in den entsprechenden Frauenzeitschriften abgefeiert werden.

PRINZESSINNEN SIND BEZIEHUNGSJUNKIES

Das zentrale, prinzipiell hinter dem Streben nach heiler Welt und Integration liegende Grundbedürfnis lässt sich wohl am besten mit dem Begriff »Beziehungssucht« beschreiben. Mädchen und Frauen sind Beziehungsjunkies, die ohne ein intaktes Beziehungsumfeld nicht existieren können. Sie definieren sich nämlich vor allem über diese Beziehungen, verorten sich und ihre Persönlichkeiten darüber, wie sie mit anderen Personen interagieren. Und ein intaktes Beziehungsumfeld setzt aus weiblicher Sicht eben meistens voraus, dass zunächst ein passendes harmonisches Umfeld geschaffen wird, in dem sich dann wirklich intakte Beziehungen etablieren und entfalten können, frau dann also in jeder Beziehung integriert ist – in die Situation und die soziale Gruppe.

In einer repräsentativen Studie mit 13- bis 19-jährigen Teenagern haben wir herausgefunden, dass die beste Freundin für 83 % der Mädchen sehr wichtig ist, der beste Freund aber nur für 64 % der Jungs. Das gleiche Bild zeigte sich bei der Familie: Die fanden 63 % der Mädchen sehr wichtig, aber nur 47 % der Jungs. Sogar das Haustier fanden mehr Mädchen sehr wichtig als Jungs (19 % zu 8 %).

Die beziehungsorientierten Mädchen fanden natürlich auch Liebe häufiger sehr wichtig (41 % zu 21 % bei den Jungen), die handlungsorientierten Jungen dagegen Sex (23 % bei den Jungen, 14 % bei den Mädchen) und Sport (30 % zu 11 %).[15]

Mädchen und Frauen erleben sich entsprechend niemals isoliert, sondern immer als Teil einer Gruppe. Die wesentliche Eigenschaft, die sie hierzu befähigt, ist ihre Empathie, also das Mitfühlen mit anderen. Uns Männern – seien wir ehrlich – geht dieses Empathie-Gen weitgehend ab, weswegen wir z. B. auch deutlich weniger spenden als Frauen (es sei denn, wir heißen zufällig Bill Gates).

---

15. Quelle: Repräsentativbefragung von iconkids & youth, März 2010

Freunde der angeborenen Geschlechteridentität führen uns nun natürlich zurück in die Höhle zu den Steinzeitmenschen: Damals war es – wie wir heute ja ganz genau zu wissen glauben – die Aufgabe der Frauen, die Gruppe zusammenzuhalten und so die Voraussetzung für die sichere Aufzucht des Nachwuchses zu schaffen. Entsprechend hat seit damals alles, was mit dem Zusammenhalt und der Interaktion in der sozialen Umgebung zu tun hat, einen zentralen Platz im genetischen Set der Frau.

Es ist aber so, dass die weibliche Beziehungssucht, oder softer ausgedrückt: Beziehungsorientierung, letztlich auf jede Gruppe übertragen werden kann, egal ob es die Mutter in ihrer Familie ist oder eine Clique schlägernder Mädchen vom Kiez. Das, was außerhalb der eigenen Gruppe stattfindet, wird beobachtet; zentraler Antrieb weiblichen Verhaltens ist aber, vor allem die eigene Gruppe funktional zu halten. Wenn eine Situation zu konfliktbeladen oder unschön ist, dann führt der Wunsch nach Harmonie und heiler Welt aber auch dazu, dass alles getan wird, die Konflikte abzubauen.

Bei der einen Frau äußert sich das dann in der »Opferrolle« der braven Hausfrau, die ihr eigenes Leben und ihre eigenen Interessen komplett opfert, damit es der Göttergatte und die Kinder hübsch nett haben – diese Frauen sind dann die Opfer eines auf ihrer Beziehungsorientierung beruhenden Harmoniestrebens. Bei anderen Frauen im Berufsleben kann diese Beziehungsorientierung aber auch dazu führen, dass das eigene Team funktional und harmonisch geführt und dabei nebenher auch zu Höchstleistungen angetrieben wird – und das kann sich dann durchaus auch sehr explizit gegen konkurrierende Arbeitsteams richten. Schließlich kann das Stärken der eigenen Gruppe auch die Abgrenzung oder sogar die Bekämpfung anderer Gruppen bedingen.

Wenn die Schwarze Prinzessin ihr Reich gegen die böse Zauberin verteidigt, verhält sie sich also absolut weiblich, und es wäre unter anderen Umständen für sie auch okay gewesen, den Drachen zu töten: Es gibt Studien, die zeigen, dass Frauen viel häufiger als Männer mit dem Ziel töten, jemanden zu beschützen, also die eigene Gruppe gegen Bedrohungen von außen oder innen zu verteidigen.

Im Alltag wird natürlich zum Glück weniger gemordet als vielmehr mit anderen, weniger gewalttätigen Mitteln daran gearbeitet, die eigene Gruppe bzw. die eigene Position darin zu stärken bzw. auch nach außen zu verteidigen. Das äußert sich dann z. B. auch so, dass Mädchen/Frauen stundenlang über ihre eigenen Beziehungen oder die der Freunde diskutieren können. (Männern ist das zwar auch wichtig, aber sie reden halt nicht darüber bzw. nur, wenn sie von Frauen dazu genötigt werden.)

Und während Männer hier weitgehend beratungsresistent sind – wie soll das auch gehen, wenn man(n) über so etwas ja gar nicht redet –, drehen sich unendlich viele Bücher und im Grunde alle Frauenzeitschriften mehr oder weniger klar um die Frau in ihrem Beziehungsgeflecht und wie sie das Beste daraus machen kann. Vorbilder sind dabei nicht etwa einzelne Personen, sondern diese Personen in der Gruppenkonstellation, z. B. die tolle Mutter in einer TV-Familienserie.

(Hier muss ich gestehen, dass ich als Mann anscheinend auch etwas weiblich gestrickt bin: Ich wäre gerne ein so cooler, guter und verständiger Vater wie der Papa aus der TV-Serie Hannah Montana …)

Schaut man noch weiter in die Welt der Medien, dann interessieren sich Mädchen/Frauen auch bei Geschichten vor allem für die Konstellation der Figuren zueinander: Wer mag wen und warum, wie entwickeln sich die Beziehungen weiter, welches Verhalten führt zu welcher Konsequenz …? (Um die Frage schon mal zu beantworten und Sie nicht bis zum Ritter-Kapitel auf die Folter zu spannen: Jungen/Männer interessieren sich nicht für Beziehungen, sondern für Fakten,

Dinge und Aktionen.) Egal ob Soaps im Fernsehen, romantische Komödien im Kino oder Arztromane: Zentrale Inhalte der Geschichte sind immer die Dialoge bzw. die Selbstreflektionen und Gedanken der agierenden Personen – was Männer eben gerne auch mal »geschwätzig« finden.

Auch in der Starwelt spiegelt sich das große Bedürfnis der Mädchen/Frauen nach sozialer Stabilität und Harmonie innerhalb ihrer Beziehungsorientierung wider. Teilweise wird dann wieder stellvertretende Erfüllung daraus: Eine heile Familienwelt abseits aller alltäglichen Sorgen und Nöte, wie sie z. B. die Kelly Family mit ihrem Hausboot in den 90ern anbot oder aktuell auch TV-Serien wie »Die Zauberer von Waverly Place« oder »Hannah Montana« zeigen, kann gerade für Mädchen aus schwierigeren Verhältnissen zum virtuellen Ersatz für die fehlende Harmonie in der eigenen, realen Familie werden.

Bringt man diese »Beziehungssucht« mit dem weiblichen Harmoniebedürfnis zusammen, dann erklärt sich auch, warum es kaum eine Geschichte für Mädchen/Frauen gibt, die nicht in einer stabilen Beziehungskonstellation, sprich einem Happy End endet: Während es für einen männlichen Helden vollkommen okay ist, am Ende in den Sonnenuntergang und seine selbst gewählte Einsamkeit als »poor lonesome Cowboy a long way from home« zu reiten, muss am Ende von »Pretty Woman« die Aussicht auf die feste Beziehung von Manager und Prostituierter stehen – sehr realistisch, oder? Deswegen konnte mein kleines Märchen natürlich auch nur in der erhofften Hochzeit münden, selbst wenn ich mir in Bezug auf die Erfolgsaussichten dieser Ehe einen Schuss männlichen Realismus nicht verkneifen konnte …

Einen richtigen Jungen/Mann interessiert das natürlich nicht – denen fehlt nämlich die genetische Veranlagung zur »Beziehungssucht« und damit auch der Antrieb, sich mit solchen Themen zu beschäftigen oder sie anders verhaltenswirksam werden zu lassen.

PRINZESSINNEN SIND BEZIEHUNGSORIENTIERT, INTEGRATIV UND PROJEKTIV

Fasst man die beschriebenen weiblichen Grundbedürfnisse zusammen und kombiniert diese dann noch mit dem »Pippi-Annika-Syndrom«, dann bleiben drei große Stichworte, mit denen sich die geschlechtsspezifische Veranlagung und damit die Grundbedürfnisse der Mädchen/Frauen im Kern beschreiben lassen: Mädchen/Frauen sind beziehungsorientiert, integrativ und projektiv. Das klingt vielleicht etwas abstrakt, ist es aber nicht:

- *Beziehungsorientiert* heißt: Mädchen/Frauen sehen sich immer als Teil einer Gruppe, und ihr Verhalten wird vor allem dadurch angetrieben, Teil dieser Gruppe zu bleiben und diese Gruppe funktional und harmonisch zu halten. Kooperatives Verhalten, das die Gruppe stärkt, ist entsprechend erwünscht; Verhalten, das die Gruppe sprengen könnte, ist andererseits absolut tabu.

- *Integrativ* heißt: Mädchen/Frauen wollen sich entsprechend in die Gruppe integrieren. Sie stellen sich dabei selbst ständig in Frage und auf den Prüfstand – sie vergleichen ihre Gruppe bzw. die eigene Position innerhalb der Gruppe mit Vorbildern oder »Vergleichswerten« aus der Umwelt, um daraus ggf. zu lernen, was sie auf welche Weise besser machen können. Mädchen/Frauen sind also ehrgeizig, doch bezieht sich ihr Ehrgeiz eben weniger nur auf die eigene Person, sondern auf die eigene Person innerhalb der Gruppe.

- *Projektiv* heißt: Gerade weil es ihnen weniger um das »Ich« geht, stehen auch die persönliche Identifikation und das persönliche Tun nicht so sehr im Vordergrund. Es geht viel mehr um die Situation und das Erlebnis als Ganzes und in der Gruppe, in das frau sich hineinversetzen kann und will. Nicht »gruppenkompatible« Situationen ohne dieses Projektionspotenzial funktionieren entsprechend nicht.

Die schwarze Prinzessin aus dem Märchen war zu Beginn schon sehr integrativ und hatte einiges an Projektionspotenzial, d. h. sie war typisch weiblich, ohne zu sehr einem bestimmten weiblichen Rollenmodell zu entsprechen. Im Vergleich dazu zeigte der Rosa Ritter sogar deutlich stärker weibliches Klischeeverhalten.

Doch die Prinzessin hat diesen rechten Pfad der weiblichen Grundbedürfnisse dann sehr drastisch verlassen, da sie zu egozentrisch und auch zu handlungsorientiert wurde. Und das sind typisch männliche Eigenschaften, die auf typisch männlichen Grundbedürfnissen beruhen – und das wird das nun folgende Kapitel zum Rosa Ritter zeigen.

ROSA RITTER?

DER FLUCH DER MÄNNLICHKEIT

Es ist schon interessant, dass es bei Männern sehr viel akzeptierter ist als bei Frauen, über unsere genetischen Defekte zu räsonieren, sprich unsere Erblast an irrelevanten Fähigkeiten und Eigenschaften zu benennen, zu kritisieren oder milde zu belächeln. Dass ich mich im Vorwort als Dinosaurier und von der Evolution vergessen bejammert habe, hat bei Ihnen sicher keinen Aufschrei der Entrüstung ausgelöst, oder? Wir armen Männer sind aber in der Tat ein Opfer unserer Männlichkeit: Warum darf die Schwarze Prinzessin den Drachen im fairen Zweikampf fertig machen, der Rosa Ritter aber nicht bei der Zauberin staubsaugen? Wo bleibt denn da die Gleichberechtigung?

War es bei der Prinzessin relativ schwer, Rollenschemata aufzubrechen – Mädchen dürfen, wie gesagt, heute ja alles –, war es beim Ritter natürlich umso leichter. Der darf nämlich fast gar nichts.

Das geht schon mit seiner rosa Rüstung los, sozusagen der Gipfel der Lächerlichkeit. Auch hier nur zur Erinnerung: Mädchen und Frauen dürfen fast alle Farben tragen, uns Jungs wird dagegen fast immer nur dasselbe Einerlei zwischen möchtegern-coolem Schwarz, fauligem Braun und fröhlichem Mausgrau angeboten. (Oder liegt das nur an der ja bekannten Farbenblindheit der Männer?) Rosa geht dagegen gar nicht, wenn es nicht gerade der Schrei der Saison ist und so dann doch den Weg auf Lacoste-Shirts oder Krawatten findet, die den Träger dann ungeheuer jugendlich machen (glauben jedenfalls die Träger dieser Krawatten).

Eltern finden es cool, wenn ihre Töchter mit Autos oder Baggern spielen. Doch wenn Jungs lieber still mit Puppen spielen, dann geht gleich das Geraune los: Ist der denn überhaupt normal? Ist der gar schwul?

Auch bei den Dingen, die der Ritter im Märchen tut, ist so einiges dabei, was man nicht unbedingt gestandenen Männern zuordnen dürfte. Kochen geht ja gerade noch, aber staubsaugen, und das auch noch freiwillig? Sein Auftreten ist zudem alles andere als maskulin und gewinnend, sondern eher vorsichtig und zurückhaltend (Motorrad fahren mit Helm? Pah!), und dass er sich Gedanken über Stimmung und Atmosphäre macht, wurde ja schon den weiblichen Grundbedürfnissen zugeordnet. Obwohl: Männer machen das durchaus auch, wenn es ihnen bei Frauen weiterhilft, dann allerdings in einem anderen Kontext als hier …

Dennoch: Da gibt es einiges am Ritter, das für Jungs und Männer funktionieren würde. Er hat klare männliche Stärken, und das würde ihn für Jungs durchaus akzeptabel machen, wenn die rosa Rüstung und sein softes Auftreten gegenüber der Prinzessin nicht wären.

Der Rosa Ritter ist, wenn Sie so wollen, in seiner Zweiseitigkeit das exakte Spiegelbild der Situation von Jungen und Männern in unserer Gesellschaft. Wie der Ritter, so sollen auch sie Konflikte und Probleme auf weibliche Art, sprich durch Dialog, Austausch, Teamarbeit und Kompromisse lösen. Das ist ja auch sinnvoll, denn in unserer Gesellschaft werden solche weiblichen Kernkompetenzen heute einfach stärker gefordert als männliche Kernkompetenzen – Kämpfen, Jagen und Sammeln sind einfach nicht mehr so gefragt, seit es Tengelmann, Aldi & Co gibt.

Wenn Sie sich an die im letzten Kapitel genannten Stichworte erinnern, die die weiblichen Grundbedürfnisse zusammenfassen (beziehungsorientiert, integrativ und projektiv) und deren Auswirkungen auf das weibliche Verhalten beschreiben, dann ist es in der Tat so, dass ein auf den weiblichen Grundbedürfnissen beruhendes Verhalten nahezu perfekt in unsere Zeit passt.

Kein Wunder also, dass daraus ein Anforderungsprofil abgeleitet wird, welches genauso auch auf Jungen und Männer übertragen wird, man also das Gleiche vom männlichen wie auch vom weiblichen Geschlecht erwartet. Dazu kommen dann noch die personell massiv weiblich geprägten Erziehungsinstanzen, denen die weiblichen Grundbedürfnisse natürlich näher sind als die männliche Seite und die durch die Pädagogik und das gesellschaftliche Umfeld darin bestärkt werden, gegen klassische männliche Geschlechterstereotypen und -rollen anzukämpfen.

Kurz zusammengefasst: Der Gedanke des »Gender Mainstreaming«, der ja auch in Deutschland offizielles Politikziel ist, und das Umfeld in Erziehungsinstanzen bzw. der Gesellschaft legen den Druck der Veränderung vor allem auf die Schultern der Jungs. »Gender Mainstreaming« heißt eben nur in der Theorie, dass sich beide Geschlechter gegenseitig aufeinander zu bewegen. In der Praxis wird stattdessen erwartet, dass sich Jungs und Männer ändern und weibliche Verhaltensmuster adaptieren, denn gerade ihr typisch männliches Rollenverhalten ist ja problematisch, um nicht zu sagen: falsch.

Entsprechend sollen Jungs/Männer auch bislang eher weibliche Aufgaben übernehmen, z. B. im Haushalt oder bei der Kindererziehung – und auch das ist definitiv sinnvoll. Wir würden in Deutschland sicher ganz massiv davon profitieren, wenn es mehr Grundschullehrer und Erzieher in Kindergärten gäbe und Männer, die sich dafür interessieren, nicht erst den Verdacht der Pädophilie abwehren müssten.

Das wäre also alles so weit okay, wenn es da nicht ein Problem gäbe: Irgendwie kommen die Jungs mit dem Wandel nicht mit. Es ist tatsächlich der Fluch der Männlichkeit, der Jungs zu den Verlierern in unserer Gesellschaft macht – in der Schule, im Beruf, im Alltag: alle Statistiken belegen dies. Ihre spezifischen Fähigkeiten und Eigenarten sind nicht mehr gefragt bzw. werden sogar als problematisch angesehen. All das, was unsere moderne, vernetzte Informationsgesellschaft braucht, können Mädchen/Frauen einfach besser. Doch anstatt dem männlichen Geschlecht dabei zu helfen, seine Probleme auf Jungsart in den Griff zu bekommen, versucht ein auf weibliche Grundbedürfnisse fokussiertes Erziehungssystem, aus Jungs die besseren Mädchen zu machen.

Was dabei herauskommt, wenn man versucht, Jungs für das »Gender Mainstreaming« zu begeistern, sieht man an der Fernsehserie Wickie. Genauso, wie auf der anderen Seite Pippi Langstrumpf wie von Soz.-Päds. erdacht erscheint, um Mädchen ein neues Rollenbild vorzuführen, so wirkt Wickie wie der maßgeschneiderte Versuch, Jungs für ein anderes Rollenverhalten zu erwärmen und auf den rechten Pfad der Gewaltlosigkeit und Weiblichkeit zu führen. Das ist auch das Problem von Wickie, dem kleinen Wikinger: Mit seinen coolen Ideen wäre er für Jungs ja eigentlich ganz okay, wenn er auf der anderen Seite nicht so mädchenhaft aussehen würde und vor allem nicht auch noch so ein furchtbarer Angsthase wäre. Würde im Titellied nicht ausdrücklich gesungen »… die Angst vorm Wolf macht ihn nicht froh«, gäbe es keinen einzigen Beweis, dass Wickie tatsächlich ein Junge ist. Welcher echte Junge kann das denn gut finden? Hätte Wickie nicht so ausgezeichnete Sendeplätze im Fernsehen, er würde gnadenlos gegen andere Serien floppen, die Jungs viel besser ansprechen. Wie viel toller sind doch die Power Rangers: Da versteht auch ein 4-Jähriger, dass diese Typen unbesiegbar sind.

Jungs sind eben Jungs. Und warum? Weil auch sie ganz spezifische, männliche Grundbedürfnisse haben …

RITTER WOLLEN HELDEN SEIN

67% der 6- bis 12-jährigen Jungen würden gerne bei den Besten dabei sein, aber nur 51% der Mädchen.*

Weil es eigentlich so einfach ist: Der Haupttreiber männlichen Verhaltens ist das Bedürfnis nach Status. Das heißt in Verhalten übersetzt: Große und kleine Jungs werden immer die Dinge tun, die ihnen Status und Anerkennung bringen, und diejenigen Dinge vermeiden, die keinen Status versprechen bzw. sogar ihren eigenen Status erodieren könnten.

An früherer Stelle habe ich in diesem Buch ja beklagt, dass sich so wenige Männer unter Grundschullehrern und Erziehern finden. Und der Hauptgrund hierfür ist ganz einfach: Diese Berufswege bringen Männern derzeit nicht genug Status. Das war früher noch anders: Es gab eine Zeit, da war der Volksschullehrer ein Beruf mit viel Anerkennung und der Dorflehrer stand sogar auf einer Stufe mit dem Pfarrer und dem Bürgermeister, sozusagen als gesellschaftliche und moralische Instanz in der Gemeinschaft. Ein Beruf also, den ein Mann ohne Gesichtsverlust und mit Anstand ausüben konnte. Und heute? Heute hat man manchmal den Eindruck, als sei die Erziehung der Klein- und Grundschulkinder die reinste Spiel- und Vergnügungszeit. Wenn ich bei meinen Forschungsprojekten Mädchen und jungen Frauen begegne, die in diese Berufe wollen, dann habe ich oft den Eindruck, dass diese jungen Damen letztlich auf eine Verlängerung ihrer eigenen Kindheit und ein friedliches Reservat abseits von erwachsenem Leistungsdruck hoffen. Dass das nicht die richtige Motivation ist, um Kinder zu erziehen – eine der wichtigsten und anspruchsvollsten Aufgaben in unserer Gesellschaft! – ist wohl jedem klar. Umso mehr wären Männer wichtig, die aus dieser Aufgabe aber eben auch die nötigen Gratifikationen ziehen können müssten.

Die entscheidende Frage für Jungs aller Altersgruppen ist also immer, was einem den gewünschten Status verschaffen kann. Dazu gibt mein kleines Märchen verschiedene Beispiele, natürlich politisch korrekt verteilt auf den Rosa Ritter und die Schwarze Prinzessin. Die Mechanik ist dabei immer die gleiche: Man kann etwas ganz toll und beweist das auch gleich.

Physische Kraft: Hier meldet sich mal wieder die Steinzeit zu Wort – nichts verschafft einem männlichen Wesen mehr Status als körperliche Leistungsfähigkeit, und das wird früher wohl wirklich wichtig gewesen sein. Heute heißt das, dass auf dem Schulhof der größte Volldepp zum Chef wird, wenn er nur gut Fußballspielen kann. Eine gute Note in Mathe zählt nichts, der Hattrick beim Fußball alles. Und wenn ein sportlicher Zwei-Meter-Mann die Kneipe betritt, werden alle anderen Männer gleich noch einen Kopf kleiner.

Wenn diese körperliche Kraft dann noch dazu eingesetzt wird, etwas zu schaffen, etwas zu leisten, dann umso besser. Das heißt nicht mal, den anderen im Kampf zu besiegen: Beim letzten Wohnungsumzug meiner Familie haben sich die Möbelpacker einen regelrechten Wettkampf geliefert, wer was wie schnell aus dem 4. Stock heruntertragen kann. Ich fand das klasse: Die Wohnung war nullkommanix ausgeräumt.

Wenn die Schwarze Prinzessin also den Drachen im Kampf besiegt – dieser Teil des Märchens hätte dabei für männliche Leser sicher noch etwas ausführlicher dargestellt und ausgeschmückt werden können – dann bringt das natürlich männlichen Status par Excellence. Das Anwenden unnötiger Gewalt ist bei Jungs durchaus mal erlaubt.

Wie relevant das Bedürfnis nach physischer Präsenz und damit physischem Status für das männliche Verhalten ist, sieht man z. B. beim Spielzeug mit den zahllosen Action-Figuren von Star Wars bis zu den Power-Rangern, an unendlich vielen TV-Serien und Filmen, die von der Physis der männlichen Helden leben, und nicht zuletzt am Boom der Fitness-Studios. Ich beobachte seit einigen Jahren schon bei Jugendlichen den klaren Trend hin zum Bodystyling, was bei Jungs nicht Bauch-Beine-Po heißt, sondern eben »Pumpen« für Sixpack, Bizeps & Co.

Alle Jungs und Männer – ich betone: wirklich alle! – wären gerne groß, stark und mächtig, denn das ist die einfachste und männlichste Art, den gewünschten Status zu erlangen. Und wenn es damit nicht so weit her ist, dann muss mann es eben auf andere Weise schaffen. Stichwort Sarkozy: Hier wird physische Kraft ersetzt durch politische Macht.

Cleverness: Kraft ist natürlich nicht alles – man darf als Mann durchaus klug und clever sein, denn auch das kann einem Status verschaffen. Von Wickie, dem kleinen Wikinger, war ja schon die Rede.

Wenn der Rosa Ritter die Zauberin mit Computerspielen ablenkt, dann ist das clever und wird auch von Männern geschätzt. Hier wird Cleverness zielgerichtet eingesetzt, bringt also etwas – nämlich Status.

Es gibt in vielen Medienthemen innerhalb einer Gruppe von Helden auch gerne den oberschlauen Typen, z. B. auch in der modernen Ausprägung als Technik-Freak, der den anderen den Tag rettet. Die Meister der zielgerichtet eingesetzten Cleverness sind sicherlich MacGyver und das A-Team, wobei die letzteren ihre Cleverness zusätzlich noch mit einer hoch geschätzten Portion Gewalt und Physis garnieren. Aber: Hier zählt der Kopf noch etwas, damit kann man punkten – anders als beim »Trio mit vier Fäusten« oder bei der Zeichentrickserie Kim Possible, wo die Technik Freaks jeweils zwar sympathische, doch insgesamt eher bemitleidenswerte Nerds sind.

Wissen: Fachsimpeln ist wohl die männlichste aller Kommunikationsformen, und Datenblätter oder Tabellen sind die männlichsten aller Darstellungsweisen. Das geht schon bei Kindern auf dem Schulhof los, wenn beim Kartenspielen die PS-Zahlen von Autos oder die Angriffsqualitäten von Fußballspielern verglichen und auswendig gelernt werden, um sie bei Gelegenheit parat zu haben. Erwachsene Männer beschäftigen sich dann mit Autos, Digitalkameras, Uhren und was auch immer – nicht etwa mit der Absicht, etwas zu kaufen, sondern einfach nur um der Sache willen. Dass der Rosa Ritter über Feuerschwerter fachsimpeln kann und dass ihm dies auch noch einen klaren Vorteil bei der Zauberin einbringt, ist also vollkommen normal – zumindest aus Männer-Sicht.

Schließlich geht es hier nicht nur um das Kennen von Fakten. Fachsimpeln in jeder Form ist immer auch ein Wettstreit unter Männern: Wer weiß mehr als der andere? Denn wer am meisten weiß, hat natürlich den meisten Status. Dass jeder Mann der beste Bundeskanzler oder Fußball-Bundestrainer wäre, ist dabei genauso normal wie die Tatsache, dass jeder Mann immer den kürzesten Weg von A nach B kennt – natürlich abhängig von Tageszeit, Wetter, Autotyp, Sehenswürdigkeiten, Baustellen, Radarfallen, …

Besitz: Es ist leider wirklich so, dass Dinge Status verschaffen. Das Motto »Ich habe, also bin ich« gilt für Jungs quer durch alle Altersgruppen. Es ist ganz egal, ob es sich dabei um Pokemon-Sammelkarten bei kleinen Jungs dreht oder die Sammlung von Bierdeckeln, alten Weinen oder Luxusautos bei Männern.

Wie beim Wissen auch, geht es hier um Kompetenzbereiche, die sich die Männer erobert haben, in denen sie sich gut auskennen, und mit denen sie sich auch von anderen abgrenzen bzw. sich mit ihnen messen können – hier halt zusätzlich durch das reale Objekt der Begierde materialisiert. Status hat, wer was hat.

Witz und Frechheit: Wer witzig und frech ist, kann sich der Anerkennung anderer Männer sicher sein – Stefan Raab und viele andere (natürlich mehrheitlich männliche!) Comedians machen es vor. Hier wird der Wettkampf unter Männern einmal nicht körperlich, nicht mit Fakten und auch nicht mit Bierdeckelsammlungen ausgetragen, sondern mit Schlagfertigkeit und Pointen. Jungs sind hier auch nicht konsensorientiert: Sie wollen gerade beim Humor nicht jedermanns Liebling sein wie die langweiligen Mädchen. Etwas Provokation und Frechheit muss schon sein – auch das verschafft nämlich Status. Besonders geschätzt wird es aber, wenn die Helden mit der Strategie der Frechheit weit kommen: Provokation und das Brechen von Regeln als die coolste Form der Aggression. Man kann nämlich nicht nur mit Waffen siegen, sondern auch mit coolen Sprüchen. Stefan Raab, Bushido oder sogar Dieter Bohlen: Alle drei verkörpern die Sehnsucht der Jungs und Männer, den blöden anderen endlich mal gehörig die Meinung sagen zu können und dafür nicht bestraft zu werden – im Gegenteil.

Wenn der Rosa Ritter also die besseren Witze kennt als die Zauberin, dann hat er hier aus Sicht der Männer natürlich einen klaren und verdienten Punktsieg errungen.

Es gibt also mittlerweile nicht nur die rohe Gewalt und Muskelberge, sondern durchaus verschiedene Wege für Männer, sich den gewünschten Status zu verschaffen. Zum Glück, muss man sagen, denn sonst wäre unsere Gesellschaft doch etwas verkümmert geblieben. Man kann z. B. über die Beschränktheit und das Fachidiotentum vieler Männer lästern, wie man will – doch gerade solchen Männern verdanken wir die meisten unserer Erfindungen. Welchen Status hätte Bill Gates wohl heute, wenn er als junger Mann nicht ein solcher Nerd gewesen wäre …

RITTER LIEBEN HELDEN

69% der 6- bis 12-jährigen Jungen mögen es, wenn Dinge besonders cool und nach Kraft und Stärke aussehen, aber nur 31% der Mädchen.*

Der Zusammenhang zwischen dem Grundbedürfnis nach Status und dem Verhalten bzw. den Motiven von Jungs/Männern wird besonders klar, wenn man ihren Umgang mit ihren Vorbildern und Helden beleuchtet. Als erster wesentlicher Unterschied zum weiblichen Heldinnen-Kosmos fällt auf: Schönheit spielt bei der Vergabe von Sympathie und Zuneigung offensichtlich keine Rolle. Egal ob Yu-Gi, Bart Simpson oder Vin Diesel: Jungs aller Altersgruppen lassen sich hier nicht von oberflächlichen Kategorien wie »schön« oder »süß« leiten.

Der Schlüssel zum Verständnis der männlichen Helden ist, dass nur die Personen in den Olymp der Heroen aufsteigen können, die auch wirklich etwas geleistet haben. Weil man(n) sich über seinen Status definiert, müssen sich die Helden und Idole des männlichen Geschlechts natürlich ebenso über ihren Status definieren. Es ist schlicht und einfach undenkbar, dass ein kompletter Loser zum Vorbild werden könnte.

Was haben eine Diddl-Maus oder Prinzessin Lillifee schon vorzuweisen, außer dass sie »süß« sind? Was kann eine Kate Moss, außer dass sie zufällig coole Klamotten trägt? Keinem Mann würde ein so oberflächlicher Ansatz ausreichen …

Jungs und Männer lieben Personen, die etwas vollbracht haben – die Status haben. Und das sollte jeweils auch etwas sein, was man(n) selber auch gerne können würde – echte Vorbilder eben. Jungs wollen sich mit diesen Personen identifizieren können, sie wollen so sein wie sie, zumindest in Teilen. So ergibt es sich auch fast automatisch, dass die Helden der Jungs ausschließlich Jungs sind – oder als Frauen verkleidete Männer wie die Computerspiel-Heldin Lara Croft. Denn welcher echte Junge will bzw. kann sich schon mit einem Mädchen identifizieren?

Mit der Auswahl ihrer Helden geben Jungs und Männer immer auch ein Statement über sich selbst ab: Ein Rapper wie Eminem oder Bushido an der Wand des Teenager-Zimmers soll jedem Besucher klarmachen, dass man selbst ja eigentlich auch so ein cooler Hund ist. Nur die eigene Höflichkeit hält den Bewohner davon ab, die störende Mutter mit dem Stinkefinger zurechtzuweisen. Der Fußballer an der Wand signalisiert, dass man – zumindest mental – ein Sportcrack ist (bei Erwachsenen sind diese Symbole dann Adiletten oder Fußball-Trikots …). Ein kleiner Tipp also für alle Mädchen und Frauen: Man kann in den Helden der Jungs deren wahre Bedürfnisse erkennen: Zeige mir, wen du verehrst, und ich sage dir, wer du sein möchtest …

Das Besondere der männlichen Form des Heldenkultes zeigt sich auch im Vergleich des konkreten Zugangs zu diesen Personen: Frauen und Mädchen »docken« wie beschrieben nicht direkt an die Persönlichkeit oder die Eigenschaften ihrer Lieblinge an, sondern an deren Lebenswelt. Deswegen darf die Figur Prinzessin Lillifee z. B. auch weniger schön sein, denn ihre Lebenswelt mit Rosa, Plüsch und Funkelmunkel reißt das raus – das ist es, was die Mädchen an ihr lieben.

Jungs ist die Lebenswelt ihrer Helden dagegen nur dahingehend wichtig, als dass sie ihren Helden das Ausüben ihrer Fertigkeiten erlauben muss. Sie ist die Bühne für männliche Spitzenleistungen. Was wären Poldi und Schweini ohne die Fußballstadien dieser Welt, was Jacky Chan ohne die Bösewichter, die er besiegen muss? Die Lebenswelt ihrer Helden dient im Grunde nur dazu, sie zu profilieren und sie ihre Stärken präsentieren zu lassen.

Entsprechend beweisen sich die Helden der Jungs auch nur über ihre Stärken und Aktionen, nicht über Beziehungen oder gar über Gefühle. Es reicht auch nicht aus, nur etwas gut zu können – man muss es *besser* können als alle anderen.

Inkompetenz schreckt ab, Mittelmaß und Durchschnitt langweilen – nur Spitzenleistungen schaffen den ersehnten Status.

Am deutlichsten wird das natürlich bei Sportlern, egal ob Fußballer, Formel-1-Fahrer oder Skateboarder. Sie bringen messbare Leistungen, haben Status und qualifizieren sich entsprechend als Gesprächsthema an Stammtischen oder für Poster, die dann die Wände von Kinderzimmern pflastern. Es braucht aber nicht nur die außergewöhnliche Leistung, sondern auch die permanente Bestätigung dieser Leistung, um im Kreis der wenigen Auserwählten zu bleiben.

Radfahrer, Skispringer oder Tennisspieler schaffen es bestenfalls nur für kurze Zeit, sich einen Platz in den Herzen der Jungs zu erkämpfen. Jan Ulrich, Sven Hannawald oder Boris Becker sind nur einige Beispiele für »Kurzzeit-Helden«: In ihren erfolgreichen Zeiten waren sie Stars, aber – und das ist bezeichnend für den männlichen Ansatz – als ihr Stern dann wieder sank, wurden sie rasend schnell wieder aus dem Helden-Olymp verstoßen. Versager sind inakzeptabel.

Michael Schumacher und auch Oliver Kahn zeigen es auch: Männer fordern von ihren Helden, dass sie sich ständig durch neue Ruhmestaten beweisen. Der Glanz von gestern reicht nicht aus, sondern will immer wieder bestätigt werden, denn sonst werden Stars zu Auslaufmodellen und durch Newcomer ersetzt, die dann z. B. Vettel oder Neuer heißen.

Der sicherste Weg, vom männlichen Geschlecht mit drastischem Liebesentzug gestraft zu werden, ist aber, von den Mädchen und Frauen gemocht zu werden. Jungs wollen ihre Helden für sich selbst, sie wollen sie nicht mit dem anderen Geschlecht teilen! Wenn David Beckham oder Sven Hannawald plötzlich bei den Mädels gut ankommen, weil sie Style haben oder »süß« sind, dann ist das für einen echten Mann komplett unakzeptabel – das interessiert sie nicht nur nicht, es wertet ihre Helden sogar dramatisch ab. Und entsprechend wartet man fast darauf, dass diese Personen sich ein paar Fehltritte erlauben, damit man sich dann genüsslich für diesen Verrat rächen kann. Als Sven Hannawald seine Triumphe nicht wiederholen konnte, wurde aus ihm ganz schnell »Schwuchtel-Hanni« (ein Zitat aus einer Gruppendiskussion), und für David Beckham wurde seine Liaison mit Posh Spice Victoria bei den englischen Fans fast lebensbedrohlich, als er in einigen wichtigen Spielen versagte.

Kein Wunder also, wenn die Helden der Männer für das weibliche Auge oft geradezu hässlich erscheinen: Dann können sich die großen und kleinen Jungs wenigstens sicher sein, dass die Mädels nicht in ihrem Revier wildern ...

RITTER KOMPENSIEREN FRUST

Während für Frauen die Verehrung von Sportlern durch die Jungs ja noch nachvollziehbar ist und in der Erziehung oft sogar gefördert wird (Sport ist doch prima für Jungs, und Sportler sind doch auch tolle Vorbilder ...), setzt das Verständnis bei den Action-Helden der Jungs und Männer aus. Als Außenstehender steht man fassungslos vor Figuren wie Yu-Gi-Oh!, Power Rangers, Spiderman & Co. Charaktere, die für das ungeschulte Auge nicht nur außergewöhnlich hässlich sind, sondern auch noch nichts anderes verkörpern als explizite Gewalt, Action und Aggression.

Hier hilft der Blick in die Psyche des männlichen Geschlechts. Wir erinnern uns: Status ist Jungen und Männern extrem wichtig, und das heißt auch immer Überlegenheit. Jungs wollen gewinnen, doch im Alltag können sie das oft nicht. Gerade für männliche Kinder ist der Alltag eine Aneinanderreihung von Frustrationserlebnissen: Ständig geht etwas schief, regelmäßig ist jemand anderes besser, ständig müssen sie den Anweisungen anderer folgen, seien es die der Eltern, der Kindergärtnerinnen oder der Lehrerinnen. Das macht keinen Spaß!

So viel Ärger und Unglück baut Druck auf – und der muss irgendwie abgebaut werden. Ein solches »Überdruckventil« sind die Action-Helden der Jungs. Diese Helden erleben die Erfolgserlebnisse, haben den Status, der den Jungs im Alltag versagt bleibt. Diese Helden geraten in ausweglose Situationen und wachsen über sich hinaus, genau das, was Jungs sich auch für sich selbst wünschen. Sie lösen ihre Probleme durch Aktion, genau, wie die Jungs das auch gerne tun würden.

Es braucht deswegen natürlich auch unbedingt den passenden Bösewicht. Unkundige beklagen sich oft darüber, warum diese Helden-Figuren denn immer gegen so außerordentlich fiese Monster und Aliens kämpfen müssen. Eigentlich sollten sie eher froh sein, dass diese Monster stellvertretend für Eltern / Erzieher / Lehrer den Kopf hinhalten und sich besiegen lassen!

Dass es in den entsprechenden TV-Serien und Kino-Filmen ständig kracht und explodiert, ist ebenfalls nur Mittel zum Zweck: Die Erhöhung durch die gewaltigen Gegner beweist die Größe der Aufgabe für den Helden (wer gewinnt schon Status dadurch, dass er eine Erdbeertorte vor dem Schimmelpilz errettet …), zum anderen gewinnt und hält dies die Aufmerksamkeit der Jungs. Wenn es richtig rappelt und rumpelt, dann sind die Jungs gebannt und fasziniert.

Natürlich muss man diese hässlichen Action-Helden und ihre abstoßenden Welten nicht gut finden, man sollte aber zumindest versuchen zu verstehen, warum Jungen sie so toll finden und dass sie durchaus auch eine Funktion haben. Sie werden deswegen so geliebt, weil sie ein wichtiges Grundbedürfnis der Jungs befriedigen: den Wunsch, sich selbst über stellvertretende Erfüllung zumindest zeitweise aus der alltäglichen Ohnmacht und Frustration zu befreien!

Wenn man über die Hässlichkeit der männlichen Helden sinniert, dann sind Bart Simpson, Southpark oder auch SpongeBob nicht fern. Diese Charaktere sind aber nicht nur ausgesprochen unschön, sondern dazu auch noch ausgesprochen erfolglos und dennoch beliebt. Es geht um Figuren wie Donald Duck: echte Versager eben – und das bei Jungs?

Es ist eben nicht nur toll, Helden beim Gewinnen zuzusehen. Es macht auch Spaß, Figuren zu beobachten, die noch viel schlimmer sind als man selbst ist. Noch dämlicher, untalentierter, peinlicher, noch unmännlicher – eigentlich ...

Denn im Grunde sind diese Versager nämlich doch sehr männlich: Auch sie handeln sehr zielgerichtet – und wenn es nur darum geht, sich vor der Arbeit zu drücken oder sich ein Vermögen zu erschleichen. Sie scheitern halt nur ständig dabei! Die Jungs erkennen den kleinen Donald oder SpongeBob in sich selbst und erfreuen sich daran, dass endlich mal nicht sie selbst auf die Nase fallen, sondern eine Ente oder ein Badeschwamm. Schadenfreude ist die schönste Freude!

Diese Figuren sind natürlich die Negation all dessen, was mann erstrebenswert findet. Doch auch anderen beim zielgerichteten Scheitern zuzusehen, bietet Entlastung vom alltäglichen Druck, den die Jungs erleben – ebenso wie die Siege der Helden. Anderen geht es ja noch viel schlechter und das macht Mut und kompensiert ebenfalls Frust ...

RITTER DÜRFEN NICHT ZWEIFELN

Die genannten Beispiele zeigen aber auch: Es ist für Jungs und Männer unbedingt alles zu vermeiden, was den eigenen Status ankratzen könnte. In diesem Zusammenhang ist eine rosa Rüstung für einen Ritter natürlich saublöd. Denn egal ob man in den Baumarkt, in eine Waffenhandlung oder neuerdings auch in das Kosmetikregal für Männer schaut: Da geht es martialisch, markig, knackig – sprich maskulin zur Sache. Für softe Details und warme, bunte Farben ist da kein Platz.

Da ist es nur ein schwacher Trost, dass des Ritters Rüstung feuerabweisend ist: Ohne sein Feuerschwert hätte er verdammt blöd dagestanden. Und wenn Kochen für einen Mann ja noch geht, dann geht Putzen definitiv nicht: Das behält man als Mann besser für sich (wie die moderne Frau ja auch).

Status ist etwas, dass sich Jungs/Männer erst verdienen müssen, auf die bereits beschriebenen Arten. Status kann man aber eben auch verlieren, weswegen größte Vorsicht geboten ist. Mann wird also immer alles vermeiden, was den eigenen Status gefährden könnte – und auch das ist ein wichtiges Grundbedürfnis und eine zentrale Handlungsmotivation – aber eher im Sinne einer Vermeidungsmotivation.

War beim weiblichen Geschlecht die Rede vom großen Interesse an der Bespiegelung und dem Hinterfragen der eigenen Person bzw. der eigenen Lebensumstände, geht genau so etwas für das männliche Geschlecht gar nicht. Das Grundbedürfnis nach Status schließt dies quasi automatisch aus!

Aus Männersicht bedeutet die Beschäftigung mit sich selbst nichts anderes als die Gefahr, mit eigenen Schwächen konfrontiert zu werden. Kein Mann würde freiwillig einen Psychotest machen, aus dem herauskommen könnte, dass er ein Weichei, »nett«, oder nicht stressresistent ist. Kein Mann möchte gesagt oder gezeigt bekommen, dass er leider nicht ganz perfekt ist. Das soll jetzt bitte nicht mit mangelnder Kritikfähigkeit verwechselt werden, denn das geht bei den meisten Männern durchaus: Wenn sich die Kritik an spezifischen Handlungen festmacht (der Fehlpass im Fußballspiel, die unpassende Argumentation in einem Aufsatz), dann können Männer das oft besser akzeptieren als Frauen. Sie können jedem Mann sagen, dass seine Kleidung farblich vielleicht etwas unvorteilhaft gewählt ist, und er wird vielleicht sogar auf Sie hören. Sagen Sie das Gleiche einer Frau, dann droht Ihnen womöglich ewige Feindschaft.

Der entscheidende Punkt ist immer der: Männer können das Detail und die einzelne Handlung isoliert betrachten und von der Person als Ganzes trennen. Ein Fehler hier und da kratzt den eigenen Status nicht an, weswegen so mancher Top-Manager selbst nach mehreren Pleiten immer noch voll und ganz von seinen überragenden Fähigkeiten überzeugt ist. Hier sind Männer übrigens gegenüber Frauen im Vorteil: Denen fehlt dieses dicke Fell nämlich, weil es ihnen viel schwerer fällt, einzelne Details oder Handlungen von der Person als Ganzes zu trennen ...

Eine Studie der GFK für die Zeitschrift »Apotheken Umschau« hat gezeigt, dass jede dritte Frau (33 %) niedergeschlagen ist, wenn sie kritisiert wird, während dies nur bei 24 % der Männer der Fall ist. Jede fünfte Frau (20,1 Prozent) sagte, sie fürchte oft, in irgendeinem Bereich zu versagen. Von den Männern ängstigte dies nur jeden Siebenten (14,4 Prozent). Erklärt wird dies u. a. damit, dass Frauen die Kritik sehr viel stärker als »ganzheitliches« Warnsignal dafür interpretieren, dass ihre Rolle in der Gruppe und damit ihre Integration in Gefahr ist. [16]

Wenn aber die Person als Ganzes kritisiert wird, dann geht es auch beim männlichen Geschlecht ans Eingemachte und es ist Schluss mit lustig. Der Junge oder Mann, der Selbstzweifel zulässt bzw. auch noch offen zeigt, hat im Statuswettkampf mit den anderen Jungs verloren.

---

16. Quelle: Apotheken Umschau 10/2010

Dass gerade bei männlichen Jugendlichen Homophobie, also eine starke Abneigung gegenüber Homosexuellen, sehr häufig zu finden ist, hat ebenfalls seine Ursache in der Angst, seinen männlichen Status zu verlieren. Wer schon verschiedene Freundinnen hatte oder sogar Vater ist, der braucht seine Männlichkeit (bzw. was er dafür hält) nicht mehr so heftig zu verteidigen.

Entsprechend funktionieren typisch weibliche Problemlösungsstrategien des Ausdiskutierens und Beratens bei ihnen auch nicht. Besonders originell ist es, wenn Jungs Problemlösungen in Rollenspielen erarbeiten sollen: Viel alberner kann es aus Jungs-Sicht kaum werden, aber man(n) macht halt mit, weil es gefordert wird.

Übrigens leiden die so statusorientierten Jungs in der Pubertät ganz besonders: Es ist schon frustrierend für einen 14-Jährigen, mit ansehen zu müssen, wie die Mädchen aus der eigenen Klasse von älteren Jungs mit Moped abgeschleppt werden und man selbst noch so gar nichts vorweisen kann, was einem Status beim anderen Geschlecht verschaffen könnte. Es kann gerade bei den Jungs in diesem Alter auch zu massiven Verwirrungen und fundamentalen Problemen führen, wenn das eigene, eigentlich Status bringende Steckenpferd bei den Mädchen nicht ankommt, das Mädel also z. B. auf die zusammengestellte CD mit Songs eher gelangweilt reagiert, anstatt die tiefschürfenden Gedanken hinter der Musikauswahl zu erkennen ...

RITTER MÜSSEN UNERREICHBAR SEIN

Es ist ja schon beschrieben worden, dass die Heldinnen aus Buch, Film oder Celebrity-Zeitschrift dem weiblichen Geschlecht vor allem dabei helfen, sich in Situationen hinein zu projizieren, quasi durch diese Figuren andere Welten, Erlebnisse und Gefühle zu erleben. Entsprechend zugänglich müssen diese Heldinnen auch sein, sie müssen den Frauen und Mädchen zunächst das »Andocken« erlauben, um dann mit ihnen miterleben und mitfühlen zu können. Das kann, wie bei der Foto-Love-Story in der BRAVO oder den Soaps im Fernsehen, auch eine normale Frau oder das Mädchen von nebenan sein. Wenn es sich um einen Star aus einer anderen Sphäre handelt, dann muss der wiederum zumindest gelegentlich durch einen Schuss Normalität zugänglich gemacht werden (Victoria Beckham beim Einkaufen, Prinzessin Lillifee beim Blumen pflücken, Heidi Klums Top Models beim Zicken und Heulen – und alle mit Cellulitis). Ohne diese Zugänglichkeit würden die Figuren für Mädchen und Frauen nicht funktionieren.

Nun versuchen Sie aber mal, bei den Helden und Idolen der Jungs und Männer Zugänglichkeit zu finden – und hier meine ich die echten Helden, nicht solche weichgespülten Exemplare wie Wickie oder Hugh Grant, der in seiner süßen Tapsigkeit ja eh nur Frauen anspricht. Aber bei Bruce Willis, Harry Potter, Superman, Michael Ballack etc.: Zugänglichkeit und Alltagsnähe? Fehlanzeige!

Jungs brauchen immer Distanz zu ihren Helden, damit sie sich mit ihnen identifizieren können. Harry Potter, der Zauberer-Eltern hatte und nur deswegen nach Hogwarts kommt, die magischen Kräfte, die die Helden der japanischen Anime-Serien haben – all das haben die Jungs natürlich nicht und deswegen sind sie vom Zwang der Nachahmung befreit. Die Jungs müssen sich nicht mies fühlen, dass sie die Welt nicht retten – sie haben diese Kräfte ja nicht! Welch eine Entlastung, und man kann die stellvertretenden Erfüllung seiner Träume durch diese Helden unbeschwert genießen.

Ein anderes Beispiel: Die jüngeren Jungs lieben ihre Sportstars heiß und innig und entsprechend ausgiebig wird in Zeitschriften wie der BRAVO SPORT der Starkult um Schweini, Messi & Co zelebriert. Doch die Jungen wollen eigentlich nicht gezeigt bekommen, dass diese Stars in ihrem Alter vielleicht schon in einer Jugendnationalmannschaft waren. Zu wissen, dass ein Spieler schon mit 12 Jahren in der Jugend eines Bundesligisten kickte, würde den Jungs nämlich brutal vor Augen führen, dass sie selbst eigentlich schon mit 12 Jahren den Traum von der eigenen Profi-Karriere an den Haken hängen müssten – wieder eine Frustration mehr, und das wollen sie natürlich nicht.

RITTER MÜSSEN IMMER KÄMPFEN

71% der 6- bis 12-jährigen Jungen finden, dass Gewinnen cool ist – aber nur 59% der Mädchen.*

Status hat zwei Ebenen: Zum einen das, was man als Selbstzufriedenheit beschreiben könnte – also der Mann, der sich seines Status bewusst ist, in sich ruht und deswegen auch keine Bestätigung von außen mehr braucht. Alle männlichen Helden in Film und Fernsehen sind so: Kein Rambo, kein Vitali Klitschko und kein Dr. Brinkmann braucht jemanden, der ihm sagt, wie toll er ist. Und, liebe Frauen, aufgemerkt: Wir Männer wären alle gerne so selbstbewusst und selbstzufrieden – und damit vollkommen unabhängig.

Die Wahrheit sieht aber leider so aus, dass wir alle (bis auf wenige, von uns beneidete bis gehasste Ausnahmen) massiv von der zweiten Ebene des Status abhängen, nämlich der Bestätigung von außen. Jungs und Männer brauchen die ständige Versicherung, dass sie wirklich so toll sind, wie sie glauben, dass ihr Status also ständig bestätigt wird. Und die einfachste Form der Bestätigung ist natürlich der Vergleich im Wettkampf.

Schon bei kleinen Jungen geht es beim Spielen im Sandkasten vor allem um Status, darum, besser zu sein als der andere. Gespielt wird generell gegeneinander, nicht miteinander. Parteien werden gebildet und Sieger ermittelt. Faire Regeln werden entwickelt und dabei bilden sich dann auch spezifische Rituale heraus wie beim Zocken um Sammel-Karten oder beim Fußball (»Drei Ecken, ein Elfer«).

Und weil Waffen nun mal zum Kämpfen dienen, lieben Jungs eben auch Waffen aller Art: »Das war so, ist so, und wird so sein, pardon, an dieser Lebenserfahrung prallen alle Gender-Theorien ab.«[17]

Auch Wissen wird von Jungen aller Altersgruppen oft in die Wettkampfform übertragen: Beim Fachsimpeln als typischster männlicher Kommunikationsform geht es darum, beim täglichen Wissensturnier auf dem Schulhof oder in der Kneipe die Nase vorne zu haben: »Ich weiß mehr als du!« Kompetenz wird anerkannt und verschafft Status – selbst der physisch schwächste Mann kann sich hier noch etwas Anerkennung verschaffen.

Hier zeigt sich das Grundbedürfnis, das wohl am elementarsten und verhaltenswirksamsten für das Verhalten von Jungen und Männern ist: der Wunsch, zu gewinnen. Mann steht in Grunde ständig im Wettbewerb mit anderen Männern, denn Gewinnen bringt immer Status, egal wobei man gewinnt.

Und das ist aus männlicher Sicht das größte Problem des Rosa Ritters: Der versucht erst gar nicht zu gewinnen, sondern will die Probleme auf eine Art und Weise lösen, die eher auf Ausgleich und Verständigung aus ist. Wie viel männlicher agiert da doch die auf Krawall gebürstete Schwarze Prinzessin …

---

17. Zitat von Wolfgang Büscher im ZEITmagazin 9/2010

RITTER BRAUCHEN KEIN TEAM

29% der 6- bis 12-jährigen Jungen finden, dass das, was man selbst kann, wichtiger ist als die Freunde, die man hat – aber nur 19% der Mädchen.*

Während es bei Kindern für Mädchen während des Spiels vollkommen normal ist, dass mal die eine und dann mal die andere die »Bestimmerin« ist und das Thema des Spieles festlegt, gibt es bei Jungs fast immer klare »Dominatoren«, die die Richtung vorgeben und an denen sich die anderen orientieren.

Dass der Rosa Ritter als »lonesome hero« ohne Team daherkam, ist dagegen ebenso zutiefst männlich, wie es absolut unweiblich ist. Dass sich die Schwarze Prinzessin alleine den Bösewichtern stellen wollte, war akzeptabel, da aus der Not geboren – aber ansonsten ist es nicht die typisch weibliche Verhaltensweise.

Mädchen und Frauen dürfen ja mittlerweile auch Action-Helden sein, aber sie sind es so gut wie nie als Einzelkämpfer, sondern immer im Team mit sich ergänzenden Eigenschaften.

Für Jungs und Männer geht es dagegen immer auch um die persönliche Leistung. Besonders schön kann man das am Beispiel der Fußballer zeigen. Obwohl Fußball quasi nonstop im Fokus steht, interessieren hier eigentlich nur die wenigen herausragenden Spieler der großen Clubs wie Bayern, Real oder Milan und natürlich die Nationalspieler. Und wer kennt schon die fleißigen Arbeiter in Abwehr und Mittelfeld? Wahrgenommen werden vor allem die Stürmer, Spielmacher und Torhüter, die für die spektakulären Aktionen zuständig sind.

Das mag schon etwas unfair erscheinen: Diese Stars brauchen das Kollektiv, um ihre Kunst zu zelebrieren, doch honoriert wird nicht das Kollektiv, sondern nur der Einzelne wird hervorgehoben. Hier kommt das männliche Wesen eben voll und ganz heraus: Jungs identifizieren sich mit Personen, da diese die Eigenschaften verkörpern, die sie selbst auch gerne hätten. Das Kollektiv (samt seiner Beziehungen) ist ihnen nur Mittel zum Zweck. Entsprechend wurde ein Lukas Podolski sogar von Bayern-Fans nicht mit Liebesentzug gestraft, als er zu Köln wechselte: Männer vermögen es problemlos, den Spieler vom Trikot zu trennen – eine Differenzierung, die Mädchen in vergleichbaren Situationen übrigens viel schwerer fäll, wenn z. B. ein Girlgroup-Mitglied aus der Band ausscheidet.

Zerbricht eine Girlgroup, so zerbricht auch die von den Mädchen geliebte Beziehung innerhalb dieser Gruppe und damit auch die Projektionsfläche. Dagegen wechselt ein Fußballspieler einfach nur das Trikot und die Gegner.

In der Konsequenz heißt das natürlich: Teamarbeit ist für Jungs und Männer immer irgendwie blöd, weil es dem Grundbedürfnis nach persönlichem Status einfach widerspricht. Was für Frauen und Mädchen normal und vor allem auch sehr befriedigend ist, muss den Jungs erst mühsam schmackhaft gemacht werden.

Trotzdem: Auch Jungs und Männer sehen sich natürlich oft als Teil einer Gruppe, und in eine funktionierende Gruppe integriert zu sein, ist für sie genauso wichtig wie für das weibliche Geschlecht. Der fundamentale Unterschied zur weiblichen Sichtweise ist aber, dass Jungs und Männer sich vor allem über ihre eigene Position und ihren persönlichen Status innerhalb der Gruppe definieren. Wenn Jungs und Männer in Gruppen agieren, dann geht es damit immer auch gleich um Hierarchien. Bei Mädchen und Frauen spielen Machtgefüge natürlich auch eine Rolle, doch sind sie viel unterschwelliger und deutlich weniger ausgeprägt – die Beziehungen zueinander sind zumindest vordergründig von viel mehr Gleichheit geprägt – das bringt die gewünschte Harmonie in die Gruppe.

RITTER SIND STATUSORIENTIERT, KOMPETITIV UND IDENTIFIKATIV

Ergänzt man das alles andere dominierende männliche Grundbedürfnis nach eigenem Status um die starke Handlungs- und Wettbewerbsorientierung sowie um die Vermeidung der Auseinandersetzung mit der eigenen Person, dann ergeben sich auch hier drei große Stichworte, mit denen sich die geschlechtsspezifische Veranlagung und damit die Grundbedürfnisse des männlichen Geschlechtes beschreiben lassen: Jungen/Männer sind statusorientiert, kompetitiv und identifikativ. Auch das soll kurz erklärt werden:

- *Statusorientiert* heißt: Bei allem Tun von Jungen und Männern steht immer die eigene Person im Vordergrund. Jungen/Männer sehen sich zwar meistens als Teil einer Gruppe, allerdings geht es ihnen immer auch darum, innerhalb dieser Gruppe die eigenen Claims abzustecken, sich von den anderen zu differenzieren. Gleicher unter Gleichen zu sein, stellt sie nicht zufrieden – dann sind sie lieber ohne Gruppe.

- *Kompetitiv* heißt: Jungen/Männer sehen sich selbst ständig und auf den verschiedensten Ebenen im Wettbewerb mit anderen, und hier vor allem mit anderen Jungs und Männern. Nur wer sich innerhalb dieses Wettbewerbes durchzusetzen vermag, verschafft sich den gewünschten Status.

- *Identifikativ* heißt: Alles, was getan und wahrgenommen wird, wird von Jungen und Männern direkt auf die eigene Person bezogen. Beziehungskonstellationen oder Situationen können allenfalls sachte abmildern, stehen aber niemals im Fokus. Dadurch geht es bei Jungs auch sehr viel schneller ans Eingemachte bzw. kann den eigenen Status ankratzen.

Diese Art von Egozentrismus ist aber nicht zu verwechseln mit Egoismus: Dass man alles vor allem auf sich selbst bezieht, schließt keineswegs aus, dass dies der Allgemeinheit nutzt – siehe die Milliardenspenden von Bill Gates und anderen Reichen.

JUNGEN UND MÄDCHEN IN DER GESCHLECHTERFALLE
WAS BLEIBT VOM KLEINEN UNTERSCHIED?

KEINE MACHT DEN GENEN?

Es ist Ihnen sicher aufgefallen: Ich habe bisher kaum über Chromosomen und angeborene physische Fähigkeiten gesprochen und werde das auch im weiteren Verlauf des Buches nicht tun – obwohl doch ungefähr die Hälfte der Geschlechteridentität auf diese Weise angeboren ist. Dabei ist ja offensichtlich, dass es diese angeborenen physischen Unterschiede gibt und dass diese Unterschiede auch in vielfältiger Weise Einfluss auf die Lebenswelten von Männer und Frauen haben. Wir sind in gewisser Weise natürlich durchaus Opfer unseres angeborenen Geschlechts.

Jedes Jahr bewerben sich mehr junge Frauen als Männer für die dreijährige Ausbildung zum Fluglotsen bei der DFS, der Deutschen Flugsicherung GmbH. Trotzdem liegt der Männer-Anteil bei denjenigen, die es durch die anspruchsvollen Prüfungen schaffen, bei 70 %. Frauen scheitern hier oft daran, dass ihnen in den

*Tests das notwendige räumliche Vorstellungsvermögen
fehlt. Wenn sie aber durchkommen, dann bringen sie
oft bessere Leistungen als ihre männlichen Kollegen.* [18]

Ich will auch erst gar nicht versuchen, den Ursprung der von
mir beschriebenen Grundbedürfnisse herzuleiten. Wenn Männer Status wollen, kann das z. B. etwas mit dem Werben um
Weibchen zu tun haben (manche Weibchen sollen ja irgendwie
auf Männchen mit Status stehen …), aber auch damit, dass dieses Handlungsmotiv letztlich immer zur Stärkung der Spezies
Mensch als Ganzes im darwinschen Wettbewerb mit konkurrierenden Arten beigetragen hat. Im körperlichen Kampf mit
wilden Tieren oder durch Entdeckungen und Erfindungen haben sich auf Dauer eben die Männchen durchgesetzt, die auf
irgendeine Weise überlegen waren. Diese haben so nicht nur
der Arterhaltung gedient, sondern die Art Mensch durch ihr
Überleben auch geprägt und weiterentwickelt.

Andererseits bin ich der festen Überzeugung: Selbst wenn
Männern und Frauen gewisse Stärken und Schwächen körperlich und mental angeboren sind, bestimmt das nicht das komplette Leben. Es befreit vor allem auch nicht von der Notwendigkeit, Rollenmuster in der Gesellschaft zeitgemäß weiterzuentwickeln. Denn wenn wir uns nur auf die Gene berufen bzw.
dahinter verstecken, dann wird das Thema Gleichberechtigung
für die Frauen in der Sackgasse enden – und der Mann muss als
Geschlecht in naher Zukunft leider trotzdem abgewickelt werden, weil man ihn nicht mehr brauchen kann. Ich persönlich
entwickle mich lieber weiter, anstatt abgewrackt zu werden.

Diese Weiterentwicklung kann nicht gegen die Gene und
auch nicht gegen die Veranlagung des Menschen geschehen,
sondern muss im Einklang damit erfolgen. Hier kommen

---

18. Quelle: Air Berlin Magazin September Oktober /2010: »Fluglotse: Ein Beruf mit Zukunft«.

die genannten geschlechtsspezifischen Grundbedürfnisse ins Spiel: Die persönlichen Chromosomen und Gene kann man nicht verändern, genauso wenig wie die Grundbedürfnisse. Während man aber körperliche Defizite nur begrenzt ausgleichen kann und sie schließlich wohl auch akzeptieren muss – hier sind dann einfach klare Grenzen gesetzt, siehe das Auswahlverfahren für Fluglotsen –, geben uns unsere Grundbedürfnisse keine so eindeutigen Fähigkeiten und Grenzen vor.

Grundbedürfnisse sind Handlungsmotive, nicht mehr und nicht weniger. Sie bringen uns dazu, Dinge zu tun, die dann diese Bedürfnisse in uns befriedigen. Und hierin liegt die große Chance: Wir tragen diese Bedürfnisse in uns, doch wie wir sie befriedigen, das ist uns relativ freigestellt. Genauso, wie man auf viele Arten seinen Hunger oder Durst stillen kann, kann man auch auf viele verschiedene Arten die geschlechtsspezifischen Grundbedürfnisse stillen.

Das heißt: Man kann diese eigentlich extrem geschlechtsspezifischen Veranlagungen also auch dazu nutzen, aus tradierten Rollen auszubrechen, wenn man es denn nur richtig macht.

Damit dies gelingen kann, muss man sich allerdings erst einmal klar machen, wie sich diese Grundbedürfnisse wirklich auswirken, wie diese Veranlagungen also das Verhalten von kleinen und großen Jungs und Mädchen beeinflussen. Man muss akzeptieren, dass es den kleinen Unterschied eben doch gibt.

WARUM GRUNDBEDÜRFNISSE SO WICHTIG SIND

Ich habe es bisher aus gutem Grund vermieden, genauer zu beschreiben, womit ich eigentlich genau mein Geld verdiene. Jetzt ist es an der Zeit, die Katze aus dem Sack zu lassen.

Die meisten meiner Forschungsprojekte werden von Unternehmen aller Art beauftragt und das Themenspektrum bewegt sich dabei von Kindernahrung und Spielzeug bis hin zu Finanzdienstleistungen, Parfum oder Autos bei Erwachsenen.

Das Ziel dieser Projekte ist zunächst immer zu verstehen, wie die potenziellen Kunden denken, um daraus dann Strategien abzuleiten, wie man diese Menschen gezielt ansprechen und für die eigenen Produkte gewinnen kann. Es geht also immer um die Veränderung von Einstellungen und Verhalten. Kein Unternehmen würde Geld dafür ausgeben, irgendwelche Aktionen oder Produkte zu machen, die niemand will. Und kaum einem Unternehmen würde es auf Dauer ausreichen, nur zu informieren, wenn daraus nicht irgendwann monetär zählbarer Nutzen erwächst.

Wenn Sie mir Böses wollen, dann dürfen Sie das durchaus Manipulation nennen. Es werden Strategien entwickelt, um die Konsumenten zu beeinflussen, zu manipulieren. Doch wie heißt es so schön: Es kommt immer darauf an, was man daraus macht. Ich möchte das mit einem Beispiel illustrieren:

Vor einigen Jahren habe ich einen Vortrag vor Lehrern, Erziehern und Eltern gehalten. Dabei ging es auch um die Mechaniken, die Werbungen und Verpackungen einsetzen, um Kinder anzusprechen. Ich habe als Beispiel spezielle Kinderzahnpasta mit bunten Verpackungen und bekannten Figuren darauf genannt und erzählt, dass viele Mütter diese Produkte ganz bewusst kaufen, um ihre kleinen Kinder zum Zähneputzen zu bringen und den ständigen Streit am Morgen und Abend zu vermeiden. Daraufhin meldete sich eine Erzieherin aus einem Kindergarten, die das ganz furchtbar fand: Das wäre ja eine Manipulation der Kinder, und das könne sie mit ihrer Einstel-

lung nicht zusammenbringen. Man dürfe die Kinder doch nicht belügen, sondern müsse ihnen erklären, warum es wichtig ist, die Zähne zu putzen, und die Kinder so überzeugen.

Ich habe die Erzieherin daraufhin gefragt, wann sie denn am Ende des Tages einen besseren Job gemacht habe: Wenn das Kind manipuliert wurde, sich deswegen aber die Zähne putzt? Oder wenn das Kind zwar ganz genau weiß, warum es eigentlich Zähne putzen sollte, es aber trotzdem nicht macht und dann mit 10 Jahren Karies hat. Das alles vor dem Hintergrund, dass einem jedes Kind natürlich genau erklären kann, warum es wichtig ist, die Zähne zu putzen – dass dieses Wissen aber in keiner Weise sein Verhalten beeinflusst.

Wir Deutschen sind davon besessen, zu belehren und Dinge zu erklären. Es sind zwar schon einige Fortschritte gemacht worden, aber unterm Strich gehen wir viel zu verkopft an die meisten Dinge heran. Und ich habe an anderer Stelle ja schon erläutert, dass wir Menschen emotional getriebene Wesen sind, unsere Gefühle und Grundbedürfnisse also sehr viel verhaltensrelevanter sind als unser Wissen.

Auch bei Vorträgen zum Thema Ernährung höre ich oft, wie fies die Nahrungsmittelindustrie doch ist, weil sie all die üblen Tricks in ihrer Werbung und bei ihren Produkten einsetzt – nur um Kinder dazu zu verführen, all das schlechte Zeug zu essen und zu trinken. Das Gemeine ist ja, dass diese Tricks zu einem gewissen Grad tatsächlich wirken …

Ich frage dann immer zurück: Wenn diese Tricks doch anscheinend ganz gut funktionieren, warum werden die dann nicht auch in der Ernährungserziehung eingesetzt oder um Kindern gesunde Nahrungsmittel nahe zu bringen? Diese Tricks sind nämlich alles andere als geheim! An der Grundschule meiner Tochter gibt es z. B. einmal im Monat das »Gesunde Frühstück«. Wenn es stattdessen das »Lecker-Schmecker-Frühstück« wäre, dann hätte man vielleicht noch mehr Erfolg dabei, die Kinder an bestimmte Ernährungsweisen heranzuführen, als wenn man nur den pädagogischen Hammer der gesunden Ernährung schwingt.

Wie gesagt: Wir Deutschen erklären lieber und liefern tolle Argumente, die an unsere Ratio appellieren. Wir sind ja schließlich ein Volk der klugen Köpfe und Denker. Leider funktioniert das aber nicht. Es hat in der Vergangenheit nicht funktioniert und es wird auch in Zukunft nicht funktionieren – weder bei der Ernährungserziehung noch beim Prägen von Geschlechterrollen.

Was dagegen funktioniert, ist das Ansprechen von Grundbedürfnissen, und das in einer Umsetzung, die die jeweiligen Adressaten »abholt«. Es ist genauso wie bei der Werbung: Mit bunten Bildchen und coolen Figuren auf der Verpackung kann man genauso gut eine Zuckerbombe wie auch ein extrem gesundes Produkt vermarkten und Kinder dafür interessieren. Und wenn das Produkt sich bewährt, dann wird es auch wieder gekauft. Ohne diese bunten Bildchen kann man aber weder das eine noch das andere loswerden.

Bei einem Beratungsprojekt für die Bertelsmann-Stiftung ging es vor einigen Jahren darum, wie man Jugendliche für die Partizipation in der Gesellschaft, sprich die Beteiligung am gesellschaftlichen und politischen Leben in der eigenen Kommune, bewegen kann. Alle Jugendlichen wissen zwar, dass das wichtig ist, doch nur eine kleine Minderheit tut etwas.

Das Entscheidende ist auch hier, die Jugendlichen bei ihren Grundbedürfnissen abzuholen, z. B. beim Wunsch nach Erlebnis oder dem großen Interesse am anderen Geschlecht. Lädt man zu einer Informations-

*veranstaltung ein, wird niemand kommen. Lädt man
aber zu einem »Mitmach-Event« mit Party und vielen
anderen Möglichkeiten des Kennenlernens und Spaß-
habens ein, dann würden die Jugendlichen wegen des
Spaßes kommen – und man könnte sie so ganz neben-
bei an das eigentliche Thema heranführen.*

Übersetzt auf unser Thema heißt das: Ohne die Ansprache der geschlechtsspezifischen Grundbedürfnisse geht gar
nichts. Dass die Mädchen und Frauen in den letzten Jahren
im Bildungssystem so hinzugewonnen haben, liegt daran,
dass die Anforderungen, die dort gestellt werden, nahezu perfekt zu den weiblichen Grundbedürfnissen passen. Mädchen
und Frauen müssen nur so sein, wie sie gerne wären, und das
machen, was sie gerne tun, und schon läuft vieles gut für sie.
Trotzdem gibt es klare Indizien, dass auch Frauen noch nicht
wirklich optimal abgeholt werden: Zu viele Lebensbereiche
sind von ihnen noch nicht erobert worden.

Bei den Jungen und Männern ist es aber noch dramati-
scher: Da passt rein gar nichts zusammen. Weil die Ansprache
der geschlechtsspezifischen Grundbedürfnisse in den letzten
Jahren nicht adäquat erfolgt ist, befinden wir uns derzeit in
einer Sackgasse: Die Jungen gehen unter, doch die Mädchen
kommen auch nicht wirklich voran.

RITTER WOLLEN STATUS, PRINZESSINNEN WOLLEN BEZIEHUNGEN

Der entscheidendste Unterschied zwischen Männern und
Frauen aller Altersgruppen ist sicherlich der: Männer sind vor
allem statusgetriebene Wesen, während das Verhalten von Frau-

en durch ihre Beziehungsorientierung angetrieben wird: Ritter sind statusorientiert, Prinzessinnen beziehungsorientiert.

Jungs und Männer sind deswegen quasi naturgegeben egoistischer, egozentrischer und weniger altruistisch als das weibliche Geschlecht. Was immer sie tun, wird immer stärker unterm Aspekt des persönlichen Nutzens betrachtet werden, während Mädchen und Frauen sich viel stärker am Nutzen für die Gruppe orientieren.

Aus diesem prinzipiellen Unterschied leitet sich eine Vielzahl von Konsequenzen ab, deren Auswirkung man im Alltag auf unterschiedlichste Weise beobachten kann:

- Im Rollenspiel von Mädchen geht es um Beziehungen, und die Mädchen spielen miteinander. Egal ob Barbie oder Baby-Puppe: Hier werden immer Beziehungen und Interaktionen »bearbeitet«. Bei Jungen dreht sich das Rollenspiel dagegen um Aktionen, die dem Spieler Status verleihen. Entsprechend spielen Jungs meistens auch gegeneinander anstatt miteinander – klassischerweise Gut gegen Böse. Kein Wunder also auch, dass in den Händen von spielenden Jungen jeder Gegenstand zur Waffe mutiert und in den Händen von Mädchen auch ein Stock bemuttert werden kann.

- Weil ihr Status immer aus Aktion entsteht, müssen Jungs und Männer immer etwas tun. Echte Männer verlieren sich nicht in endlosen Diskussionen, sie handeln, denn das pure Sein reicht ihnen nicht aus. Ihre Leistung muss sichtbar werden, und auch eine funktionierende Beziehung muss sich über Rituale oder Symbole manifestieren – coole männliche Teenager feiern ihre Beziehung z. B. gerne über ausgefuchste Begrüßungsrituale, die zeigen sollen, dass ihre Freundschaft etwas ganz Besonderes ist. Eine weibliche Beziehung braucht keine Aktion, nur den Austausch.

Mädchen und Frauen reden entsprechend über Beziehungen, um diese zu stärken, Männer dagegen über Aktionen und Fakten, um dadurch ihren Status zu stärken. Die geschlechtsspezifischen Zeitschriften spiegeln das wider.

- Jungsfilme – egal ob Tom & Jerry, Action-Filme oder Pornos – sind quer durch die Altersgruppen entsprechend immer eine Aneinanderreihung von Aktionen. Bei Mädchen und Frauen reicht dagegen das Reden über Beziehung fast schon aus. Viel Handlung braucht es dabei nicht, was dem männlichen Geschlecht dann natürlich viel zu langweilig ist.

- Jungsfiguren in den Medien müssen Status haben und Helden sein, ihre Lebenswelt muss Herausforderungen bieten und am besten wild und gefährlich wirken. Dann können sich die Figuren auch als Helden profilieren. Mädchenfiguren müssen dagegen wie Freundinnen sein, integriert in intakte soziale Beziehungen. Die wesentlichste Anforderung an deren Lebenswelt ist, dass diese als Plattform für diese Beziehungen funktionieren kann.

- Wenn Mädchen sich ein Haustier wünschen, dann um zu diesem Tier eine Beziehung zu haben. Wenn Jungs ein Tier wollen, dann nicht (nur), um es zu pflegen und mit ihm zu schmusen, sondern damit es endlich jemanden gibt, der in der Familienhierarchie unter ihnen steht und den sie herumkommandieren können. Denn gerade Jungs im Kindergarten- und Grundschulalter fällt es sehr schwer, mit der altersbedingten Ohnmacht umzugehen, wenn man als Kind keinen Status in der Familie hat und nur »Befehlsempfänger« ist.

- Auch bei den speziellen Interessen zeigen sich die Unterschiede: Mode, Einrichtung, Kochen – sprich alles, was schön ist – sind weibliche Domänen, weil sie jeweils das Umfeld für intakte Beziehungen schaffen können. Mädchen und Frauen sammeln entsprechend auch eher Dekoratives und Schönes, Jungs aller Altersgruppen dagegen eher reine Statusobjekte.

- Musik wird vom weiblichen Geschlecht ebenfalls dazu genutzt, um passende Stimmungen als Basis für das eigene Beziehungsmanagement zu erzeugen. Für Jungs ist Musik dagegen vor allem auch ein mögliches Kompetenzfeld, um sich zu profilieren, sich Status zu verschaffen. Fragt man weibliche Teenager danach, was genau sie gerade auf ihrem MP3-Player hören, wissen sie das meistens nicht – es gefällt ihnen halt. Für viele Jungs ist das Jagen und Sammeln von Musik im Internet dagegen ein wichtiger Lebensinhalt. Jazz ist z. B. auch ein urmännliches Musikgenre: Da ist die möglichst perfekte Beherrschung des Instrumentes alles, die Schönheit der Musik und die vermittelte Stimmung dagegen nichts ...

- Frauen vermenschlichen ihre Gegenstände, bauen eine Beziehung mit ihnen auf. Dem Auto wird ein Name gegeben, das Handy mit Strass-Steinchen geschmückt, emotionales Design wie von Apple wird geliebt. Dass es im VW Beetle eine Blumenvase gibt, könnte weiblicher nicht sein. Und wenn sie wollen, können Sie hier durchaus auch Spuren des Mütter-Gens der Frauen entdecken ...
Männer suchen dagegen Gegenstände, die sich klar auf ihre Funktionalität fokussieren und das auch im Design ausdrücken – das ist dann »cool«.

- Technik ist für Mädchen und Frauen auch nur dann richtig interessant, wenn sie Beziehungen stärkt. Das Handy war wohl das erste Hightech-Gerät, das von weiblichen Teenagern intensiver genutzt wurde als von männlichen – weil es ihnen den ständigen Kontakt mit ihren Freunden ermöglicht. Auch die Internet-Communities und Chats werden anteilig stärker von Mädchen genutzt, weil die sich einfach mehr zu sagen haben.

- Spielkonsolen wie die PlayStation haben sich bei Mädchen und Frauen erst dann durchgesetzt, als mit Singstar oder der Wii plötzlich Spiele da waren, die in der Gruppe gespielt werden konnten und das Gamen vom männlichen Autismus befreit haben. Die jüngeren Mädchen wurden gewonnen, als es für den Nintendo DS zahlreiche Spiele gab, in denen man sich um Pferde, Hunde, Tiger, Kaninchen etc. kümmern bzw. gleich eine ganze Tierarztpraxis aufmachen konnte. Für das weibliche Geschlecht ist Technik »nur« Mittel zum Zweck der Beziehungsstärkung oder -ausübung, für Jungs/Männer dagegen Selbstzweck. Selbst wenn man kein Auto kaufen will, kann man sich stundenlang mit Autozeitschriften beschäftigen, bei Digitalkameras geht es nicht darum, welche Kamera die schönsten Bilder macht, sondern welche die meisten Pixel hat. Fakten, Fakten, Fakten, gerne präsentiert in komplexen Tabellen und ohne jeden Anspruch auf ästhetische Qualität. Es geht ja um Technik…

Übertragen auf die Praxis des täglichen Balzverhaltens heißt das: Männer glauben, dass Frauen zu ihnen kommen, wenn sie etwas Tolles haben oder tun. Frauen glauben, dass Männer kommen bzw. bei ihnen bleiben, wenn sie ihnen ein besonders hübsches Nest bauen.

RITTER WOLLEN BESSER SEIN, PRINZESSINNEN WOLLEN DAZUGEHÖREN

Verursacht durch die Statusorientierung der Jungs/Männer und der Beziehungsorientierung der Mädchen/Frauen, ergibt sich als zweiter wesentlicher Unterschied zwischen den Geschlechtern, dass Jungs aller Altersgruppen immer besser oder zumindest anders sein wollen als andere. Mädchen wollen dagegen vor allem dazugehören– gerne auch als Gleiche unter Gleichen. Ritter sind kompetitiv, Prinzessinnen integrativ.

Eine Studie im Auftrag des Bonner Instituts zur Zukunft der Arbeit (IZA) mit mehr als tausend Kindern und Jugendlichen im Alter von 3 bis 18 Jahren hat gezeigt, das sogar schon dreijährige Mädchen weniger zum Leistungswettbewerb mit anderen bereit sind als die gleichaltrigen Jungen. Die Teilnehmer hatten verschiedene Aufgaben zu bewältigen, um damit Geld zu verdienen. Durch einen Wettbewerb mit Gleichaltrigen konnten die Verdienstmöglichkeiten verbessert werden, doch an diesem Wettbewerb waren die Mädchen weniger interessiert als die Jungen – obwohl ihre Leistungen genauso gut wie die der Jungen waren. Die Forscher sehen in diesem fehlenden Interesse am Wettbewerb auch einen Grund dafür, dass das Einkommen von Frauen nach wie vor hinter dem der Männer zurückliegt.[19]
In einer anderen Studie des Deutschen Instituts für Wirtschaftforschung (DIW) zeigte sich entsprechend auch, dass Frauen sich mit einem niedrigeren Gehalt

---

19. Quelle: Meldung auf Spiegel Online am 25. Juni 2010 »Mädchen meiden den Wettbewerb«.

zufrieden geben als Männer, also gar keine gleichho-
he Bezahlung für gleiche Arbeit erwarten. Ein Arzt
darf mehr verdienen als eine Ärztin.[20]

Auch dieser Unterschied in der Veranlagung der Geschlechter zieht sich wie ein roter Faden quer durch alle Altersgruppen und quer durch alle Lebenswelten:

- Dass Jungen und Männer sich in allen Bereichen noto-
  risch überschätzen (sagen Sie mal einem Mann, dass er
  nicht gut Auto fährt …), hat nichts mit Dummheit oder
  Übermut zu tun. Es ist ganz einfach ein offensichtlich
  angeborener Schutzmechanismus: Wenn man(n) seine
  eigenen Fähigkeiten toll findet, kann man für sich selbst
  Status daraus ziehen und fühlt sich gut.
- Für Mädchen und Frauen ist es dagegen nicht so wichtig,
  gut oder überlegen zu sein – es reicht ja, wenn man dazu-
  gehört. Man muss also einfach nicht angeben. Allerdings
  wirkt sich dies dann leider oft auch ins andere Extrem
  aus: Das weibliche Geschlecht stellt das eigene Licht zu
  oft intuitiv unter den Scheffel, um sich nicht zu exponie-
  ren. Um zu verstehen, warum das so ist, muss man nur
  an Lästereien denken, die Mädchen und Frauen gerne
  über besonders hübsche oder begabte Mitschülerinnen
  oder Kolleginnen ausschütten. Es ist für Frauen leider
  leichter, sich durch Leistung Sympathien zu verderben,
  als dadurch Sympathien zu gewinnen – herausragende
  Leistung exponiert eben, und viele Mädchen und Frau-
  en wollen das im Gegensatz zu den Jungs und Männern
  einfach nicht.

---

20. Quelle: Studie des Deutschen Instituts für Wirtschaftsforschung, der Universität Bielefeld und der Universität Konstanz.

- Jeder Junge und jeder Mann braucht etwas Spezifisches, das ihn von anderen abhebt, jeder braucht einen Kompetenzbereich, in dem er anerkannt gut ist, sonst ist er unglücklich. Dabei gibt es zwei Möglichkeiten: Entweder man macht etwas, was sonst keiner tut, und kann sich über diese individuelle Besonderheit gegenüber anderen profilieren – ein Wettbewerb der Individualität (»Ich habe das coolere Hobby als du«). Entsprechend ist keine Aktivität zu abstrus, als dass sie nicht zum Hobby werden könnte – oder können Sie sich anders erklären, warum es tatsächlich Männer gibt, die an Flughäfen die Nummern von Flugzeugen notieren (»Plane Spotting«) oder an Bahnhöfen die Nummern von Loks und Zügen (»Train Spotting«)? Würden Frauen das machen?

- Die andere Form der Differenzierung ist für Jungs natürlich, sich im direkten Wettbewerb mit anderen durchzusetzen. Jungs und Männer sehen sich vor allem mit anderen männlichen Wesen im Wettbewerb, und das übrigens auch, wenn keine weiblichen Wesen in der Nähe sind. Es kann aber leider nicht jeder in den angesagten Sportarten wie Fußball reüssieren oder im Job erfolgreich sein, was natürlich ein prinzipielles Problem ist. Deswegen gibt es im Grunde nichts, was Männer nicht in irgendeiner Form in einen mit großer Ernsthaftigkeit ausgefochtenen Wettbewerb umwandeln könnten – quasi als Ersatz für die gescheiterte Fußballer-Karriere. Es reicht ihnen einfach nicht, etwas nur zu tun – sie möchten auch wissen, wie gut sie es machen – egal ob das nun Angeln oder Briefmarkensammeln ist.
Für Mädchen und Frauen gilt es dagegen sogar, Wettbewerb innerhalb der Gruppe zu vermeiden, da dies die Funktionalität und Integrationsfähigkeit beeinträchtigen

könnte. Wenn überhaupt, ist Wettbewerb eher zwischen konkurrierenden sozialen Gruppen wie z. B. Teenager-Cliquen zu finden – und da können dann auch Mädchen kämpferisch werden.

• Die hohe Schule des Wettbewerbs ist dann die typisch männliche Rekordsucht. Taten um der Taten willen, und Institutionen wie das Guinness-Buch der Rekorde als Plattform für dieses Phänomen. Diese Rekordsucht kann aber auch negative Konsequenzen haben, wenn z. B. Börsenkurse von Männern manipuliert werden. Wenn mal wieder die Rede ist von »psychologisch wichtigen Schwellen« der Börsenindizes, die geknackt wurden, dann verbirgt sich dahinter nur zu oft der männliche Spaß am Rekord – koste es, was es wolle. So blasen die börsennotierten Jungs dann auch immer wieder zur irrealen Jagd auf Kurshochs und -tiefs, die mit normalem Menschenverstand und realen Marktdaten nicht nachzuvollziehen sind. Eigentlich sollte man Männern besser die Betätigung an der Börse verbieten, wenn man in Zukunft Wirtschaftskrisen, Börsencrashs und riskante Spekulationen aller Art wirksam verhindern will ...

• Mädchen und Frauen sind für solche Aktionen deutlich weniger anfällig, schließlich definieren sie sich nicht über die persönliche Leistung, sondern vor allem über das Sein in der Gruppe. Soziale Netzwerke wie SchülerVZ, Facebook etc. sind für Mädchen im Teens- und Twen-Alter vor allem der Spiegel ihres sozialen Wertes, also des Grades ihrer sozialen Integration. Für Jungs ist die Anzahl ihrer Kontakte dagegen ein weiteres mögliches Spielfeld im Wettkampf der männlichen Eitelkeiten – ebenso wie die Anzahl der illegal heruntergeladenen und möglichst abstrusen Musik-Tracks.

- Hierarchien jeder Art sind sozusagen die Manifestation des eigenen Status im Wettbewerb mit anderen. Es ist daher kein Wunder, dass besonders hierarchisch strukturierte Organisationen immer einen klar männlichen Ursprung haben, sei es die katholische Kirche oder auch Diktaturen. Es fällt Männern aber auch leicht, sich in solche Hierarchien einzubinden – diese bilden ja ihre Grundbedürfnisse ab. Man kann hier von einer fundamentalen männlichen Grundideologie sprechen: Royalismus, Nationalismus, als Kommunismus getarnter Despotismus oder auch der Kapitalismus sind jeweils Gesellschaftssysteme, die in der Art eines hierarchischen Pyramidenspiels immer mehr Jungs für ein Ziel vereinen konnten und so langfristige Stabilität für eine männlich geprägte Gesellschaft brachten.

  Mädchen und Frauen brauchen solche Hierarchien nicht zur Selbstbestätigung und Selbstverortung. So lange die Gruppe als Ganzes im weiteren sozialen Umfeld adäquat platziert ist, sind sie zufrieden. Natürlich gibt es auch in weiblich strukturierten Gruppen klare Regeln und ggf. auch unterschwellige Hierarchien, doch werden diese nicht deutlich ausgesprochen und thematisiert. Und Jungs/Männer haben dann ein großes Problem damit, diese unausgesprochenen Regeln a) zu verstehen und b) zu befolgen.

- Weil man(n) sich ständig im Wettbewerb sieht, dürfen Jungs und Männer keine Schwäche zeigen. Dazu zählt beispielsweise auch, die eigenen Gefühle nicht zu thematisieren oder gar sich selbst in Frage zu stellen. Die Fähigkeit zur Selbstreflektion gehört deswegen sicher nicht zu den männlichen Kernkompetenzen. Man(n) befürchtet nämlich, dass man dadurch an Status verlieren könnte. Andere könnten die eigenen Schwachstellen ja womöglich erkennen und dann ausnutzen.

Bei Mädchen und Frauen sind Gefühle dagegen ein Kernthema, schließlich sind sie die Grundlage für die meisten zwischenmenschlichen Beziehungen. Und weil frau sich nicht im stetigen Wettbewerb mit anderen sieht, fällt es Mädchen und Frauen viel leichter, die eigenen Probleme zu thematisieren und zu reflektieren – und dann ggf. auch Hilfe anzunehmen. Wenn es um ihre Persönlichkeit geht, sind viele Jungs und Männer dagegen beratungsresistent …

- Das gleiche Prinzip gilt auch bei der Darstellung von Personen und Lebenswelten: Jungen und Männer wollen sich nicht mit den Personen und Situationen vergleichen müssen, die man ihnen vorsetzt – sie wollen sich im Vergleich nicht wie Loser fühlen. Zu viel Bezug zur Realität ist bei ihnen also immer problematisch. Für Mädchen und Frauen gilt das genaue Gegenteil: Für sie ist eine gewisse Nähe zum Alltag ausdrücklich erwünscht, weil es ihnen hilft, ihre Beziehungen besser zu verstehen und sich noch besser zu integrieren.

Ein daraus abgeleiteter wesentlicher Unterschied zwischen Jungen und Mädchen ist, dass Mädchen generell toleranter sind, wenn es um geschlechtsspezifische Verhaltensweisen oder Themen geht. Es ist grundsätzlich immer leichter, Mädchen für »Jungssachen« zu interessieren, als umgekehrt. Deswegen finden sich Mädchen bzw. Frauen z. B. auch viel leichter in typischen Männerberufen zurecht als Männer in Frauenberufen, und in der Werbung müssen immer Jungs oder Männer agieren, wenn man diese als Zielgruppe für das Produkt gewinnen will …

Wenn Sie mein kleines Märchen einem Jungen vorlesen, wird er zunächst auf die angebotenen Rollenstereotype hereinfallen und den Ritter als Anknüpfungspunkt wählen. Dann wird er aber mit Unverständnis und vielleicht sogar mit Ärger darauf reagieren, dass »sein« Ritter so komplett unheldische Sachen macht. Er findet ihn dann vielleicht noch witzig, aber eben nicht mehr so richtig toll. Die Jungen steigen aus: Sie distanzieren sich von dem, was da passiert.

Mädchen nehmen dagegen eher die Veränderungen der Figuren an und beobachten dann interessiert, wie sich das auf die Konstellation der Charaktere und die Geschichte auswirkt.

RITTER WOLLEN HELDEN, PRINZESSINNEN WOLLEN WELTEN

Die dritte entscheidende Dimension bei der Unterscheidung von männlichen und weiblichen Veranlagungen ist von ihrer Mechanik her etwas anders geartet. Hier geht es weniger um einen weiteren zentralen Treiber des Verhaltens, sondern vielmehr um die Art, wie sich die Geschlechter die Welt erschließen. Aufbauend auf den beiden vorher beschriebenen Bedürfnisdimensionen, haben Jungs/Männer und Mädchen/Frauen hier einen komplett anderen Zugang.

Ausgehend von ihrem Wunsch nach Status im Wettbewerb mit anderen, wählen Jungs/Männer automatisch immer einen personenbezogenen Zugang, sie wollen sich selbst mit den handelnden Personen identifizieren können. Dagegen wählen Mädchen/Frauen ausgehend von ihrem Wunsch nach Beziehungen und Integration immer einen situationsbezogenen Zugang, sie wollen sich in die Situationen hineinversetzen können. Ritter sind identifikativ, Prinzessinnen projektiv veranlagt.

Auch hier lassen sich wieder viele Beispiele aus dem Alltag finden, die zeigen, wie sich diese geschlechtsspezifischen Veranlagungen auswirken:

- Jüngere Mädchen tauschen während des Rollenspiels öfter mal die Rollen. Das ist kein Problem, da ja alle Rollen innerhalb des Spieles weitgehend gleichberechtig sind. Jungs haben dagegen in der Regel ihre »Heldenfigur«, die sie dann auch durchspielen. Sie sind diese Figur im Spiel, während die Mädchen über ihre Figuren die gespielte Situation erkunden und ausprobieren.

- Damit sie sich mit ihren Figuren im Spiel identifizieren können und sich nicht dem gefürchteten Vergleich mit der Realität stellen müssen, tauchen Jungs beim Rollenspiel in spannende Abenteuerwelten ein, spielen lieber Superman oder Luke Skywalker als Max von nebenan. Mädchen spielen soziale Beziehungen in realen Welten – hier ist die persönliche Relevanz der Situation dann natürlich unmittelbar gegeben.

- Es ist kein Wunder, dass Fußballfans meistens männlich sind – die identifizieren sich nämlich mit ihrer Mannschaft, das Team verkörpert ihre persönlichen Träume und Wünsche. Was man dagegen massenhaft bei Welt- oder Europameisterschaften sehen kann, ist, dass sich Mädchen und Frauen als Fußballfans verkleiden, um entsprechend aufgetakelt in die Fußball-Erlebnis- und Partywelt eintauchen zu können.

- Dass Figuren und Charaktere für Männer Status haben und in irgendeiner Weise Helden sein müssen, wurde schon beschrieben: Nur mit solchen Personen kann man(n) sich wirklich identifizieren. In einer Studie mit jungen Männern wurden z. B. Bilder als cool ausgewählt, die starke Sportler zeigen, Autos, die Macht und Stärke symbolisieren, oder Typen, die Erfolg bei sexy Frauen haben. Jedes Bild für sich verkörperte ein bestimmtes Statuselement, mit dem sich junge Männer identifizieren können – vom Status durch Besitz über Status durch sportliches Können, wobei natürlich auch Sex nicht ganz fehlen darf.

Und in einer anderen Studie wollten wir wissen, was junge Männer in der Werbung sehen wollen. Die Antwort: lauter coole Typen, die bestimmte Eigenschaften verkörpern, die man selbst auch gerne hätte – vom toughen Türsteher bis hin zum faulen Lebenskünstler…

Bei Mädchen und Frauen braucht es dagegen nicht unbedingt Personen als Anknüpfungspunkte: Manchmal reicht auch einfach nur eine schöne, ästhetische Welt aus, damit sich Mädchen oder Frauen darin wohl fühlen können – man muss sich hierfür nur die ästhetischen Hochglanzwelten ansehen, die alle Arten von Frauenzeitschriften aufbauen.

- Dass sich in den meisten Beziehungen und Ehen vor allem die Frauen um die Ausgestaltung des gemeinsamen Nestes verdient machen, hat wohl jeder schon beobachtet. Schon bei Teenager-Mädchen sind die Zimmer ganzheitliche, mit viel Liebe inszenierte Lebenswelten – wohl in keinem Alter wird so häufig und bewusst umdekoriert wie bei Mädchen zwischen 12 und 20 Jahren. Das Zimmer ist für sie wie ein Spiegel der Persönlichkeit in allen ihren Facetten, aber eben auch eine Plattform für die eigenen Träume und Wünsche.

  Auch Teenager-Jungen drücken sich natürlich durch ihr Zimmer aus. Bei ihnen muss aber ein einzelnes cooles Poster von einem Hip-Hopper an der Kinderzimmer-Wand, ein Totenkopf auf dem Schreibtisch vor der gehäkelten Gardine oder auch der High-End-Computer als Statement dienen: Diese Dinge sollen dem Bewohner Status verleihen und der geneigte Besucher wird natürlich gleich erkennen, wen er vor sich hat (zumindest wenn er ebenfalls männlich ist). Da wird keine Welt inszeniert, sondern nur typisch männlicher Egokult über Schlüsselsymbole männlicher »Tugenden«. Das Zimmer wird zur Trophäensammlung …

- In Werbungen für Männerprodukte wird immer gezeigt, welche Wirkung und welchen Nutzen das Produkt für den Mann unmittelbar hat – What's in it for me? Der Mann rasiert sich – und prompt kommt die tolle Frau, die über die glatte Backe streichelt. Da denkt sich der kluge Männer-Konsument gleich: Das will ich sein, und kauft das Produkt – obwohl er ja weiß, dass das Produkt ohne Frau geliefert wird.
  Bei Werbung für Frauenprodukte wird natürlich auch der Nutzen für die Frau gezeigt, aber eben oft bezogen auf die Gesamtsituation: Man sieht dann nicht die Frau als erfolgreiche »Gewinnerin«, sondern wie sich z. B. die Situation verändert hat: Nun ist die Familie glücklich, die Freundinnen lachen, die Wohnung ist schön usw. Persönliche Anerkennung für die Frau gibt es natürlich auch – aber eher in Form eines anerkennenden Blickes, gerne auch von einem Mann (= integrativ und beziehungsfördernd), aber nicht in Form von Siegermomenten (= isolierend).
  In einer unserer Studien unter Müttern schnitt z. B. ein Vorwerk-Werbespot extrem gut ab, in dem sich eine Mutter vor dem Hintergrund des alltäglichen Familienchaos einer anderen (arroganten) Frau vorstellte als die »Leiterin eines kleinen erfolgreichen Familienunternehmens«. Da lacht das Frauenherz: Die integrative Leistung als Mutter wird ausgezeichnet …

- Achten Sie mal darauf, wie häufig Modestrecken in Frauenzeitschriften in die Form einer Geschichte oder in eine klar umrissene Lebenswelt gepackt werden. Über diese Welt kann sich die potenzielle Kundin nämlich sehr viel leichter in die gezeigte Klamotte hineinprojizieren und sich vorstellen, wie sie sich wohl selbst in diesem Kleid fühlen würde.

Bei Männern reicht es zu zeigen, wie die Mode aussieht, und klar zu machen, dass der Träger damit cool, sportlich, elegant oder sonst irgendwie überlegen wirkt.

DER STATUS QUO:
PRINZESSINNEN SIND ROSA, RITTER SIND SCHWARZ

Trotz aller Probleme: Vergleicht man die Geschlechterrollen in unserer Gesellschaft heute mit dem Zustand noch vor wenigen Jahrzehnten, dann wird klar, wie viel sich schon getan hat. Man merkt das vielleicht nicht gleich, weil es eine schleichende Entwicklung ist und es in letzter Zeit auch keinen »Big Bang« gab, wie es mal die Einführung des Frauenwahlrechtes oder die Diskussionen bei der Einführung der Pille war.

Gerade bei der Gleichstellung der Frau sind riesengroße Fortschritte gemacht worden, und das weibliche Geschlecht ist drauf und dran, Jungs und Männer auf allen Ebenen zu überholen. Für das männliche Geschlecht besteht die Herausforderung nun nicht mehr nur darin, mit anderen Jungs im Wettkampf zu bestehen, sondern zunehmend auch darin, mit den Mädchen mithalten zu müssen.

Manche sehen hier gar schon eine Zeitenwende mit einer neuen Generation: Das Zukunftsinstitut spricht in einer Studie mit dem Titel *Future Kids* von den »Zornigen Mädchen«[21] als einem Rollenbild der Zukunft. Diese »Zornigen Mädchen« tun laut der Studie heute schon einfach nur das, wozu sie Lust haben, um dann später als erwachsene Frauen ganz selbstverständlich und selbstbewusst nach allen Möglichkeiten zu greifen, die die Gesellschaft ihnen bietet. Dahinter steckt, dass diesen »Zornigen Mädchen« von ihren Müttern einerseits im Kleinen viel Freiheit gewährt wird, wodurch die Mädchen in der positiven Interpretation sehr selbstbewusst, negativ formuliert aber auch absolut egozentrisch werden (ergo »zornig«, wenn mal was nicht erlaubt wird).

---

21. Corinna Langwieser, Anja Kirig, Christiane Friedemann: »Future Kids«; Studie des Zukunftsinstut Mai 2010. Zitat: »Zornige Mädchen – Der Gender Trouble im Kinderzimmer: Lillifee ist auf dem Weg in die Chefetage!«

Andererseits werden diese Mädchen aber auch mit viel Ehrgeiz im Großen gepusht, damit sie später ja keine Chancen verpassen. Von außerschulischen Sprachkursen bis hin zu musischer Erziehung: Da geben keine braven Mütter ihre begrenzte Hausmutterrolle weiter, sondern statusorientierte Frauen ihre Vorstellung von einer autarken, eigenständigen Frau. Dass da oft ein Stück weit auch der Wunsch mitspielt, sich in der eigenen Tochter selbst zu verwirklichen, ist ein anderes Thema. Laut Zukunftsinstitut soll aus den »Zornigen Mädchen« später eine Frauengeneration werden, die genauso stark und selbstbewusst agiert, wie sich die Mütter das wünschen.

Na ja. Diese zornigen Mädchen existieren nicht – zumindest bin ich ihnen bei meiner Arbeit als Jugendforscher nicht begegnet. Ich weiß allerdings nicht, ob das nun eine gute oder eine schlechte Nachricht ist.

Die Realität sieht nämlich noch ganz anders aus: Fragt man Kinder danach, wie sie das eigene und das andere Geschlecht einschätzen, bekommt man nach wie vor die gleichen Antworten wie in früheren Studien – von einer Veränderung der Geschlechterrollen ist nichts zu spüren. In einer Studie, die wir für die Eismarke Eskimo in Österreich[22] durchgeführt haben, kam z. B. heraus:

- Jungs sind stark, laut, mutig und frech,

- Mädchen dagegen modebewusst, zickig, romantisch und ordentlich.

Und bei dieser Einschätzung waren sich Jungen und Mädchen absolut einig: Die Jungs sehen sich genauso, wie die Mädchen sie sehen, und umgekehrt.

---

22. Quelle: Studie für Eskimo Österreich, 2007

In einer weiteren repräsentativen Studie in Deutschland aus dem Jahr 2010 haben wir analysiert, wie männliche und weibliche Jugendliche zwischen 12 und 19 Jahren sich selbst sehen und wie sie gerne wären.

- Das Selbstbild der Teens reflektiert ebenfalls die typischen Geschlechterstereotype: Jungs beschreiben sich deutlich häufiger als cool, sportlich oder abenteuerlustig, Mädchen sehen sich als fleißig und sorgfältig, hübsch, vernünftig oder romantisch.

- Das Wunschbild zeigt aber, dass Jungen und Mädchen mittlerweile sehr ähnliche Vorstellungen haben und sich einander angleichen: Die Mädchen würden z. B. gerne weniger vernünftig, sondern raffinierter und cleverer sein, während die Jungs sogar Abstriche bei ihrer Coolness und Sportlichkeit machen würden, um fleißiger und sorgfältiger zu werden.

Diese Ergebnisse zeigen aber auch, wie sehr das Selbstbild von Jungen und Mädchen im Teenager-Alter noch vom Wunschbild abweicht. Ein Gender Mainstream existiert zwar als Wunschvorstellung und Idealbild, aber (noch) nicht in der Realität. Das wiederum heißt nichts anderes, als dass man es derzeit zwar schafft, den Jugendlichen verschiedene Rollenmodelle vorzustellen und schmackhaft zu machen, man ihnen aber nicht dabei hilft, sich diese Rollen auch selbst zu erschließen und sie im eigenen Leben umzusetzen.

Von einem der daraus resultierenden Probleme lebt beispielsweise die Branche der Partnervermittlung mittlerweile sehr gut, nämlich von den Schwierigkeiten gut ausgebildeter Frauen, einen adäquaten Partner zu finden: Tun Männer sich noch relativ leicht damit, die Überlegenheit statushöherer

Männchen anzuerkennen, tun sie sich gegenüber statushöheren Weibchen sehr viel schwerer. Während es für Männer also einfach ist, einen statusniederen Partner zu finden, tun sich Frauen sehr schwer, nach »unten« zu heiraten. Eine Ursache ist natürlich, dass sich viele statushöhere Männchen ein statusniederes Weibchen suchen und damit für statushöhere Weibchen nicht mehr verfügbar sind, die ja auch ein gewisses Niveau erwarten. Die andere Ursache ist aber eben auch, dass es Männern schwer fällt, eine statushöhere Frau neben sich zu akzeptieren, und es anteilig nun einmal zunehmend mehr statushöhere Weibchen als passende Männchen gibt.

Das Heiratsproblem der gut ausgebildeten Frauen zeigt exemplarisch, dass wir mit den Veränderungen in unserem Alltag vordergründig zwar ganz gut zu Recht kommen, wir aber offensichtlich immer wieder an unsere Grenzen stoßen. Wir kommen mit manchen Entwicklungen geistig einfach nicht mit. Wir sind eben trotz aller Neuerungen immer noch fest in unseren angeborenen Veranlagungen verwurzelt.

Dass es hier nicht voran geht, hat zum einen natürlich damit zu tun, dass wir immer noch ständig mit den alten Rollenmodellen konfrontiert werden.

Zum anderen aber eben auch damit, dass es nicht gelingt, die geschlechtsspezifischen Grundbedürfnisse in einer Weise anzusprechen und zu kanalisieren, die Jungen/Männern und Mädchen/Frauen wirklich entspricht.

SINN UND UNSINN EINER QUOTENREGELUNG

Wenn Sie meiner Argumentation bis hierhin gefolgt sind, dann kommt für Sie sicherlich nicht überraschend, dass der Weg hin zu echter Gleichberechtigung aus meiner Sicht nicht unbedingt über Quotenregelungen führt.

Grundsätzlich sollte jede Aufgabe von der Person erledigt werden, die dazu durch ihre körperlichen, kognitiven oder emotionalen Fähigkeiten am besten befähigt ist. Wenn das eine Geschlecht zu einer bestimmten Tätigkeit kraft seiner genetischen Prädisposition oder seiner Veranlagung grundsätzlich besser befähigt ist als das andere, dann sollte im Interesse aller das besser befähigte Geschlecht den Job machen. Denken Sie an das Beispiel mit den Fluglotsen: Lieber machen mehrheitlich Männer den Job, als dass Flugzeuge vom Himmel fallen!

Daraus folgt automatisch: Eine hirnlos und sklavisch angewendete Quotenregelung ist Unfug und hilft niemandem weiter.

Trotzdem bin ich davon überzeugt, dass Quotenregelungen Sinn machen – wenn sie denn intelligent eingesetzt werden. Zum einen gibt es in der überwiegenden Anzahl der Lebensbereiche und Berufsbilder keine Anforderungen, die nur eines der beiden Geschlechter dafür prädestiniert erscheinen lassen. Das meiste kann eigentlich von jedem gemacht werden.

Und für diese Lebensbereiche gilt auch für mich: Wenn es anders nicht geht, dann muss die Öffnung für das benachteiligte Geschlecht eben erzwungen werden, dann muss eine Quote her. Dass wir hier derzeit zumeist über eine Frauenquote reden, ist ein gesellschaftliches Problem und das Erbe unserer früheren Männerkultur. Wie wäre es aber, wenn man z. B. in Zukunft den Universitäten bei der Ausbildung von Grundschullehrern eine Männerquote aufzwingen würde, und den Hochschulen, die sie nicht erfüllen, die Gelder kürzt? (Ich weiß aus vielen Gesprächen mit LehrerInnen, dass fast alle Grundschulen liebend gerne deutlich mehr Männer im Lehrerkollegium hätten, aber die sind derzeit nicht zu finden ...)

Nicht nur, dass zu wenige Männer überhaupt in den Erziehungsbereich wollen: Die wenigen, die diesen Weg gehen, werden auch noch von ihren weiblichen Kommilitoninnen gemobbt, weil diese den männlichen Einbruch in ihr ureigenes Kompetenzfeld nicht akzeptieren wollen.[23]

Quotenregelungen können für mich allerdings nur ein kurzfristiges Instrument sein, um verkrustete Strukturen aufzubrechen und den Wandel einzuleiten. Ihr Einsatz muss zeitlich begrenzt bleiben. Langfristig muss man andere Mittel einsetzen, um Ungleichgewichte abzubauen.

Und wenn der Wandel einmal eingeleitet ist (und dies kann man heute in vielen Bereichen der Gesellschaft bereits beobachten), dann braucht es dieses Zwangsinstrument sowieso nicht mehr. Wenn beide Geschlechter prinzipiell die gleichen Chancen haben, ist eine Quote überflüssig. Wie gesagt: Langfristig gesehen sollte immer der/die Beste den Job machen und das Geschlecht darf dabei keine Rolle spielen. Wenn sich dabei trotz gleicher Chancen Ungleichgewichte entwickeln, dann sollte das wohl hinzunehmen sein.

---

23. Artikel »Allein unter Frauen – Von wegen Kuschelpädagogik: Männliche Studenten sind in der Erziehungswissenschaft häufig Opfer von Mobbing.«; FOCUS Online August 2008

DER WEG AUS DER GESCHLECHTERFALLE
DER KLEINE UNTERSCHIED!

Ritter sind statusorientiert, Prinzessinnen beziehungsorientiert.

Ritter sind kompetitiv, Prinzessinnen integrativ.

Ritter sind identifikativ, Prinzessinnen projektiv veranlagt.

Im Vorwort habe ich versprochen zu sagen, was nun wirklich angeboren ist und was nicht, und da steht sie nun also: die uns angeborene geschlechtsspezifische Veranlagung, basierend auf unseren emotionalen Grundbedürfnissen. So einfach, aber auch so kompliziert ist das.

Ich habe bei den Beispielen in diesem Kapitel allerdings immer über die Jungs/Männer und die Mädchen/Frauen gesprochen und mich damit der wissenschaftlichen Todsünde der Verallgemeinerung schuldig gemacht. Natürlich: Es gibt immer Ausnahmen von der Regel. Es gibt Frauen, die keine Empathie entwickeln und sehr egozentrisch sind, und es gibt Männer, die sehr einfühlsam sind und denen das Team alles bedeutet.

Meine Erfahrung aus fast 20 Jahren intensiver Beschäftigung mit den Bedürfnissen und Motiven der Menschen hat mich aber gelehrt, dass die beschriebenen geschlechtsspezifischen Veranlagungen in der Tat universell gültig sind. Vielleicht treffen die genannten Beispiele nicht auf jeden Mann oder jede Frau in Ihrem Bekanntenkreis zu, doch wenn Sie mal ein bisschen genauer hinsehen, dann werden Sie feststellen, dass diese Bedürfnisse in diesen Fällen eben nur auf andere Weise befriedigt werden. Zeigen Sie mir z. B. mal den Mann, der nicht über irgendein Thema Status-fachsimpelt, und zeigen Sie mir die Frau, die nicht stundenlang über Beziehungen reden kann (wenn auch nicht unbedingt über die eigene). Ich habe jedenfalls keine gefunden.

Wenn wir also davon ausgehen können, dass es diese angeborene Veranlagung gibt, dann stellt sich als nächstes natürlich die entscheidende Frage, wie man damit umgehen soll.

Dem aufmerksamen Leser wird nicht entgangen sein, dass die beschriebenen Veranlagungen uns tendenziell in Richtung der traditionellen Rollenschemata schubsen. Nicht alle Grundbedürfnisse wirken dabei so dramatisch und eindeutig wie das Mutter-Bedürfnis der Frauen, doch es kommt eben auch nicht von ungefähr, dass sich fast alle Kulturen überall auf der Welt tendenziell patriarchalisch und hierarchisch entwickelt haben und männeradäquate Gesellschaftsformen klar die Nase vorne haben.

Dummerweise ist es aber so, dass typisch männliche Verhaltensweisen (die ja auf männlichen Grundbedürfnissen beruhen) in der sich verändernden Gesellschaft zurückgedrängt werden müssen. Wir Männer müssen kooperativer und teamfähiger werden, wir müssen starre Strukturen und Hierarchien aufbrechen, wir müssen uns weibliche Fähigkeiten und Kompetenzen viel stärker aneignen und sie nutzen.

Gleichzeitig müssen wir aber auch verhindern, dass die nachwachsenden Jungs endgültig zu den Verlierern in unserer Gesellschaft werden.

> *Beispiel Schule: Bei schulischen Leistungstest, wie der PISA-Studie schlagen die Mädchen die Jungen regelmäßig deutlich. In Deutsch und Englisch haben sie im Schnitt einen Wissensvorsprung von einem halben Jahr. Mädchen besuchen zudem häufiger Gymnasien und 55 % der Abiturienten sind weiblich.[24]*
> *Beispiel wirtschaftliche Situation: Das Statistische Bundesamt stellte fest, dass die Wirtschaftskrise im Jahr 2009 vor allem die Männer getroffen hat, weil die Krise vor allem männlich dominierte Industrien wie den Maschinenbau oder die Autoindustrie betraf. Weiblich dominierte Branchen wie der Dienstleistungssektor blieben dagegen unberührt. Entsprechend gab es von 2008 zu 2009 sogar einen Zuwachs von 1,2 % bei den weiblichen Beschäftigten, während die Anzahl der männlichen Beschäftigten im gleichen Zeitraum um 1,5 % zurückging.[25]*

Derzeit ist alles falsch, was Jungs machen: Sie spielen falsch (zu aggressiv, zu wild), sie verhalten sich falsch, weil sie einfach nicht stillhalten wollen, sie lernen das Falsche (Gamen statt Mathe), sind zu laut und sowieso total auffällig und nervig.

Die Jungs brauchen z. B. nur sehr rudimentäre Beziehungsstrukturen, doch können sie derzeit selbst diese nicht mehr selbstorganisiert erlernen, weil ihnen in einer überbehüteten Kindheit die Freiräume dazu fehlen. Stattdessen wird ihnen Kameradschaft und Teamfähigkeit von weiblichen Bezugspersonen beigebracht, die ihren eigenen Kooperations- und Beziehungsbegriff auf die Jungs zu übertragen versuchen.

Es gibt nur noch wenige Reservate wie Fußballstadien oder

---

24. Quelle: Nationaler Schultest, zitiert nach »Mädchen meiden den Wettbewerb«, Meldung auf Spiegel Online am 25. Juni 2010
25. Quelle: Statistisches Bundesamt

Fachkongresse, wo Männer wirklich Männer sein dürfen.

Und genauso, wie es besser gelingen muss, Jungs und Männer in die neue Zeit zu integrieren, müssen Mädchen und Frauen endlich so gefördert werden, dass sie die ihnen gebührende Rolle in der Gesellschaft übernehmen können: Frauen in die Chefetagen!

Ich weiß nicht, ob es Ihnen schon einmal aufgefallen ist: Manchmal gibt es für das gleiche Produkt eine Werbung, die sich an Männer wendet, und eine, die sich an Frauen richtet. Beide verfolgen das gleiche Ziel, nämlich das Produkt zu verkaufen, man versucht es aber über unterschiedliche Wege. Warum wohl?

Der Grund ist ganz einfach: Männer und Frauen machen das Gleiche, aber aus unterschiedlichen Gründen. Oder anders ausgedrückt: Ganz verschiedene Grundbedürfnisse führen letztlich zum gleichen Ziel, zur gleichen Aktion.

Darum soll es in diesem abschließenden Kapitel gehen: Wie das grundsätzliche Ziel erreicht werden kann, dass Jungen und Mädchen, Männer und Frauen sich in der Gesellschaft gleichberechtigt entfalten und – Achtung: Klischee! – glücklich werden können. Und zum Thema »Glücklich-werden-Können« zählt – Achtung: Tretmine! – auch zu akzeptieren, dass Jungs und Mädchen bzw. Männer und Frauen darunter nicht immer das Gleiche verstehen. Wer es ernst meint mit dem Ziel, beiden Geschlechtern gerecht zu werden, der muss zunächst akzeptieren, dass die Geschlechter von unterschiedlichen Bedürfnissen angetrieben werden und deswegen Glück für sich auch jeweils anders definieren.

Man muss aber auch akzeptieren, dass es einen gesellschaftlichen Konsens zu dem gibt, was Menschen heute leisten können müssen. Dieser Konsens wird zwar selten klar formuliert, spiegelt aber die Wirklichkeit wider, der wir alle uns stellen müssen. Ob wir Männer das wollen oder nicht:

Man muss heute einfach besser »networken« und kooperieren können, als das früher der Fall war. Wenn man(n) also zu unkanalisiert seinen Bedürfnissen folgt, dann führt dieser Weg ins Abseits.

Und ob die Frauen das wollen oder nicht: Der Weg zum beruflichen Erfolg führt zwar nicht über Leichen, aber eben doch über den Wettbewerb mit anderen.

Selbst wenn es auf den ersten Blick nicht so scheint: So stereotyp und rückwärtsgewandt die beschriebenen Grundbedürfnisse der beiden Geschlechter auch sind – nur durch eine gezielte Ansprache gerade dieser angeborenen Veranlagungen kann man das große Ziel echter Gleichberechtigung erreichen. Und wie das gehen kann, zeigt dieses Kapitel.

LASST DIE JUNGEN AUCH MAL GEWINNEN

SCHULE BRAUCHT SIEGERTYPEN

57% der 6- bis 12-jährigen Jungen stört es, dass man als Kind noch nicht so viel darf – aber nur 47% der Mädchen.*

In den letzten Jahren ist eine Menge dazu gesagt und veröffentlicht worden, wie man verhindern kann, dass die Jungen zu den Verlierern in unserer Gesellschaft werden. Selbst wenn die meisten gut durchs Leben kommen: Dass sie sich zunehmend schwer tun, mit den Mädchen Schritt zu halten, ist offensichtlich. Diese Entwicklung ist aber aus meiner Sicht nicht einmal eine ausschließliche Folge der gezielten Mädchen- und Frauenförderung der letzten Jahrzehnte: Wenn sich die Arbeitswelt durch PC und Internet verändert, dann kann das kaum dem Feminismus angelastet werden. Wenn gerade die Jungen z. B. besonders anfällig für audiovisuelle Unterhaltungsangebote sind und sich dadurch von sinnvolleren Beschäftigungen abhalten lassen, dann ist auch daran niemand wirklich »schuld«.

Ich habe schon im Jahr 2000 in einer Studie prognostiziert, dass die Jungs auf Dauer die Verlierer der digitalen Revolution sein werden: Sie nutzen Computer und Internet zwar intensiver als Mädchen, aber für die falschen Dinge. Spiele zocken und Musik herunterladen bringt einen im Leben leider meistens nicht wirklich weiter ...[26]

Problematisch ist also nicht die Förderung der Mädchen, sondern vielmehr, dass die Erziehung der Jungen sich nicht adäquat

26. Quelle: Studie »BRAVO Faktor Jugend 3 – Get Connected«, herausgegeben vom Bauer Verlag, Hamburg 2000

an die neuen Rahmenbedingungen angepasst hat bzw. dass die gemachten Anpassungen nicht dem männlichen Zugang zu diesen veränderten Rahmenbedingungen entsprechen.

Ich bin kein Pädagoge und will hier entsprechend auch nicht mit pädagogischen Patentrezepten aufwarten, wie man das »Jungsproblem« in den Griff bekommen kann. Stattdessen will ich zeigen, wie man Jungs bei ihren Grundbedürfnissen abholen und so zu Dingen motivieren kann, die nicht unbedingt ganz oben auf der Liste männlicher Prioritäten stehen.

Jungs sind statusorientiert, kompetitiv und identifikativ – so einfach lässt sich die männliche Veranlagung zusammenfassen. Aber was heißt das für den Alltag?

Die wichtigste Grundregel lautet: Lasst die Jungs auch mal gewinnen. Diese Grundregel kann durch alle Lebensbereiche durchdekliniert werden, vom Spiel im Sandkasten bis hin zum Berufsleben. Wenn man Jungs nicht gewinnen lässt, sind sie nicht motiviert und sie bleiben unausweichlich hinter ihren Möglichkeiten zurück.

Sollen wir uns also hin zu einer Wettbewerbs- oder Ellenbogengesellschaft bewegen, in der jeder gegen jeden kämpft? Natürlich nicht, allein deswegen schon nicht, weil es dann ja wieder nur wenige Sieger gäbe, und das ist wenig zielführend. Es geht auch gar nicht darum, die ganzen Aktionen zur Stärkung des Sozialverhaltens einzustellen, egal ob es sich um Gruppenarbeit in der Kita oder um Teambuilding-Aktionen in Unternehmen handelt. Dass Jungs/Männer Gemeinschaft erlernen und als befriedigend erleben müssen, bleibt davon unberührt.

Mir geht es um die kleinen Siege im Alltag, die den Jungs die persönliche Anerkennung verschaffen, nach der sie sich sehnen. Die Erfolgserlebnisse, die den Jungs vermitteln, dass sie gut sind. So banal, so fundamental, denn diese Siege sind die Motivation für Jungen, um sich weiterzuentwickeln – und das gilt übrigens nicht nur für Jungen!

Diese Siege müssen nicht einmal über andere erzielt werden – es reicht auch der Sieg der eigenen Weiterentwicklung. Nur ein paar Beispiele aus der Jungswelt:

- Jungs lieben levelbasierte Computerspiele. Jedes geschaffte Level ist ein kleiner Sieg, und damit steigt auch die Motivation, sich in das nächste, schwerere Level zu verbeißen.

- Ähnlich funktionieren auch (sichtbare) Hierarchien, egal ob bei der Armee durch Rangabzeichen oder beim Judo durch die verschiedenen farbigen Gürtel. Die Chance, den nächsten Rang zu erreichen, ist für Jungs Ansporn genug, sich anzustrengen – egal, wie viele andere diesen Rang auch erreichen.

- Die Art, wie Jungs/Männer sich in ihre Themen vertiefen können, egal ob LEGO oder edle Weine, zeigt auch, wie das Hineinwachsen in eine Aufgabe funktioniert: Schrittweise wird man(n) zum Experten, und das befriedigt ungemein und motiviert zu weiterem Engagement.

Die Kunst besteht darin, ein System von Aufgaben zu etablieren, das den Jungs die Chance zur Bewältigung und zum »Aufsteigen« bietet, also die Balance zwischen Herausforderungen und statusorientierten Belohnungen zu finden.

Stellen Sie sich den Schulunterricht einmal als rundenbasiertes Computerspiel vor. Auch da würden Ihnen Aufgaben gestellt, die Sie anfangs überfordern, die Sie aber so lange einüben, bis Sie das Level packen. Das Spiel motiviert Sie ja auch ständig dazu, so dass Sie eigentlich gar nicht merken, dass Sie etwas üben. Und wenn Sie das Level dann geschafft haben, dann dürfen Sie ein Level weiter und bekommen zur

Belohnung vielleicht auch noch ein paar Goodies mit auf den Weg, die Ihnen beim nächsten Level helfen. Wer schon gut im Kopf rechnen kann, bekommt als Belohnung z. B. Zugang zum Taschenrechner. So funktioniert jede Spielsoftware und so funktionieren natürlich auch die Spiele, die man mittlerweile als Ergänzung zu vielen Schulbüchern bekommen kann.

Es ist falsch, pauschal zu behaupten, Jungs könnten sich nicht konzentrieren. Gerade Jungs können sich in Aufgaben vertiefen und daran herumknobeln, wenn sie zielgerichtet arbeiten dürfen und man sie dafür immer wieder belohnt.

Und wie sieht es tatsächlich im Schulunterricht aus? Das Problem fängt ja schon damit an, dass ein Level ein Jahr lang dauert. Ganz ehrlich: Kein Junge, auch nicht der größte Zocker-Enthusiast, würde ein Jahr lang an einem Computerspiel-Level spielen. Doch die Klassenarbeiten und Prüfungen dazwischen sind auch kein passender Ersatz: Was gibt es schon als Belohnung dafür, wenn man das schafft? Wo bleibt der offensichtliche Statusgewinn, der Sieg für die Jungs?

Dass viele Jungs in der Schule so unmotiviert sind, liegt ganz einfach daran, dass sie dort kein für sie passendes Belohnungssystem vorfinden. Leistung lohnt sich aus ihrer Sicht nicht. Jungsgerecht wäre ein Unterricht, der ständig überschaubare Levels anbietet, deren Bewältigung dann zumindest einen Eintrag in die High-Score-Liste bringt.

Stattdessen wird braves Lernen abgefordert, ohne Aussicht auf Belohnung, ohne potenziellen Statusgewinn. Mädchen macht das weniger aus, denn sie brauchen nicht ständig bestätigt zu bekommen, wie toll sie sind, und sie sind auch eher dazu in der Lage, sich der schulischen Situation anzupassen. Dennoch: Ein adäquates Belohnungssystem würde auch Mädchen stärker motivieren, so lange es nicht zu einem Pranger für Schulversager degeneriert.

Noch ein anderes Beispiel zum Thema Status und Gewinnen: Jungs leiden viel stärker als Mädchen unter der kindlichen Ohnmacht. Alles wird von anderen bestimmt, man muss gehorchen – und das bringt natürlich keinen Status. Es ist deswegen gerade für Jungs wichtig, früh Kompetenzen übertragen zu bekommen. Die Begeisterung und Ernsthaftigkeit, mit der Jungs in Schulen z. B. die Funktion des Streitschlichters übernehmen, zeigt es: Jungs würden ja wollen, man muss sie nur lassen.

GEWINNER HABEN SELBSTVERTRAUEN

42% der 6- bis 12-jährigen Jungen vergleichen gerne ihr Können mit dem anderer – aber nur 32% der Mädchen.[*]

Das Thema »Gewinnen-Wollen« ist aber nicht nur für die Schule wichtig. Egal ob bei der Drogenprävention, dem Verhindern von körperlichem Missbrauch oder bei der Verhinderung von Konsumsucht: Immer geht es auch um das Steigern von Selbstbewusstsein. Wer ein gesundes Selbstwertgefühl hat, ist prinzipiell weniger anfällig für alle negativen Versuchungen des Lebens. Für Jungs bedeutet das: Gewinner sind in jeder Hinsicht stark und brauchen keine Kompensation durch Drogen, Gewalt oder Konsum.

Hierin liegt dann auch der Unterschied zwischen der Mehrheit der Jungs, die sich mit den neuen Regeln in der Gesellschaft letztlich ganz gut arrangieren, und den Jungs, die dabei auf der Strecke bleiben.

Die einen haben schlichtweg genug Erfolgserlebnisse, um sich ihres Status mehr oder weniger sicher sein zu können. Weil das Leben aber gerade für Jungs aus bildungsfernen Schichten eher eine Kette von Misserfolgen bietet (und im Frustranking steht die Schule leider ganz oben!), suchen sie sich zu oft die oben genannten Wege zur Kompensation ihres Ohnmachtgefühles.

Ganz simpel ausgedrückt: Würde man diesen Jungs frühzeitig und ausreichend Gelegenheit zum Gewinnen und Statusaufbau geben, dann könnte man sich viele andere Maßnahmen sparen. Man kann natürlich mit Rollenspielen das Verhalten in kritischen Situationen trainieren, viel besser wäre es aber, den Jungs die Souveränität zu geben, in diesen Situationen cool zu reagieren.

Hier geht es dann auch um den Vergleich mit anderen. Jungs müssen sich nicht unbedingt überlegen fühlen, sie sollten sich aber auf keinen Fall unterlegen fühlen müssen. Man muss ihnen deswegen auch die Gelegenheit geben, in Wettkämpfen miteinander zu wachsen. Leider stehen viele Pädagogen dem Wettbewerb eher kritisch gegenüber, weil das ja immer zu einem Gegeneinander statt zum Miteinander führt.

Doch gerade hier muss es ein Umdenken geben. Wettbewerb und Wettkampf müssen viel stärker in die Erziehung integriert werden, und zwar als positives, die Jungen motivierendes Element.

Einzelwettkämpfe sind dabei »jungsgerechter«, da der Erfolg klar dem Gewinner zugerechnet werden kann – und letztlich ist es das ja, was die Jungen wollen. Weil dabei aber eben immer nur einer gewinnen kann, sind auch Teamwettkämpfe gut und besser als nichts.

Hier sind uns die amerikanischen Schulen meilenweit voraus, die aus jedem Thema Teamwettbewerbe zimmern: Da gibt es nicht nur im Sport Schulteams, sondern z. B. auch Mathe- oder Debattierclubs, die gegeneinander antreten. Richtig inszeniert kann alles zum Wettkampf werden und diese Vielfalt ist auch notwendig, damit prinzipiell jeder die Chance hat zu glänzen.

Es geht hier wirklich nicht darum, Eliten herauszubilden und zu selektieren. Es geht darum, dass Jungs gerne gewinnen möchten und man ihnen dazu die Gelegenheit geben muss. Hierfür braucht es eine breite Themenvielfalt, aber auch einige strukturelle Vorgaben:

- Wichtig ist zum Beispiel, den Jungs immer klare Regeln an die Hand zu geben: Fairness ist eine essentielle Voraussetzung dafür, dass Wettbewerbe den gewünschten Effekt haben können. Haben die Jungs diese Regeln verinnerlicht, werden sie sie selbst anwenden und brauchen dann auch keinen Schiedsrichter.
- Der zweite wesentliche Aspekt ist die Ernsthaftigkeit, mit der die Wettkämpfe betrieben werden. Wie beim levelbasierten Computerspiel, müssen die Jungs auch hier langsam in die Wettbewerbe hineinwachsen können. Am Anfang muss der Spaß ohne Druck stehen, bevor die Anforderungen dann erhöht werden dürfen.
Um es mit einem Beispiel aus dem Fußball zu beschreiben: Es ist ein himmelweiter Unterschied zwischen einem Freizeitkick auf der grünen Wiese und einem Ligaspiel. Zu früher hoher Druck führt zu Misserfolgen und Frust. Wenn Jungs aus Sportvereinen ausscheiden, ist genau dies oft die Ursache: Die Jungs fühlen sich nicht gut genug, um mithalten zu können. Würden sie entspannt mitkicken können, wären sie viel motivierter und würden sich dadurch ebenfalls verbessern.

- Der dritte Punkt ist entsprechend die Chancengleichheit. Jungs sind nicht geduldig, sie wollen nicht auf ihre Erfolge warten müssen. Und wenn sie sich mit anderen vergleichen, brauchen sie auch gleich zumindest die Chance auf den Sieg. Entsprechend wichtig ist eine Einteilung in Leistungsklassen: Ein Junge, der in der dritten Mannschaft seines Fußballclubs erfolgreich mitkicken kann, wird deutlich glücklicher sein als ein Junge, der bei der ersten Mannschaft nur auf der Bank hockt.

Und wenn es nun wirklich so ist, dass Jungs sich in Bezug auf schulische Kompetenzen langsamer bzw. später entwickeln als Mädchen, dann muss man sie ggf. eben etwas später einschulen. Lieber hier ein Lebensjahr verlieren, als lebenslang den Frust vor sich herzuschieben, der sich schon beim Schuleintritt aufbaut, wenn man mit den weiter entwickelten Mädchen nicht mithalten kann. Das ist nämlich nicht fair …

- Der letzte Aspekt ist die Belohnung. Wer einmal erlebt hat, wie stolz gerade Jungs auf irgendwelche gewonnenen Trophäen oder Pokale sind, dem ist klar, wie wichtig hier Symbole sind. Jungs wollen für ihre Siege belohnt werden, und das wollen sie auch zeigen können. Aber hier ist wieder die Frage der Ernsthaftigkeit des Wettkampfes wichtig: Unter Freunden reicht ein Schulterklopfen als Symbol der Anerkennung – und das frustriert auch den Verlierer nicht.

Statt also die Jungs von Wettbewerben fernzuhalten, müsste vielmehr eine altersgerechte Wettbewerbskultur entwickelt werden, die sie durch den Vergleich mit anderen motiviert, besser werden zu wollen. Man muss hier die genannten klaren Strukturen vorgeben: Die Jungen brauchen sie als Orientierung viel notwendiger als Mädchen, die sich leichter tun, Regelwerke dynamisch zu leben und zu adaptieren. Und wenn sich die Jungs auf diese Weise geleitet miteinander messen, dann kann man damit auch ein weiteres männliches »Grundübel« an der Wurzel packen, nämlich die chronische Selbstüberschätzung und das damit einher gehende falsche Einschätzen von Risiken.

Konfrontation und Herausforderung sind eine Notwendigkeit für Jungs: Ohne geht es nicht. Das gleiche Prinzip gilt übrigens auch für erwachsene Männer: Es ist fast immer der

Wettbewerb mit anderen, der Männer im Beruf zu Höchstleistungen anspornt. Das führt dann aber leider oft zu den berüchtigten »Scheuklappen-Männern«, die nur noch ihre beruflichen Ziele sehen und sonst nichts. Ich will hier keinen Wickelwettbewerb propagieren, aber man müsste diesen Männern im Prinzip »nur« andere Felder für ihre Wettbewerbe schmackhaft machen.

DER KÖRPER IST KING

Erfolg in einem Debattier- oder Matheclub ist zwar ganz nett, was bei Jungs am Ende des Tages aber am meisten zählt, ist die körperliche Leistungsfähigkeit. Nichts prägt die männliche Persönlichkeit so sehr wie die Physis, und nichts verschafft so sicher und so universell Status wie ein guter Body.

Es ist entsprechend auch kein Wunder, dass viele Initiativen für männliche »Problemjugendliche« gezielt auf sportliche oder andere körperliche Aktivitäten bauen, um diesen Jungen im Wortsinne Selbstbewusstsein zu verschaffen.

Man muss hier aber einen Schritt zurückgehen, nämlich in die Kindheit: Wenn man es zulässt, dass ein Junge schwabbelig und unsportlich heranwächst, dann gibt man ihm unweigerlich eine massive Bürde bei seinem lebenslangen Streben um Status mit. Umgekehrt gibt es kaum eine bessere Möglichkeit, Jungs dauerhaftes Selbstbewusstsein mit auf den Weg zu geben, als sie früh zu Sport anzuregen.

Also, liebe Jungs-Eltern: Stecken Sie Ihre Söhne so früh wie möglich in Sportvereine und sorgen Sie dafür, dass die Kids dabei bleiben!

Wenn man sieht, wie viel Wert in Kindergärten auf die Schulung der Kreativität der Kinder gelegt wird, wie viel Zeit zum Beispiel für das Basteln und Malen verwendet wird, dann ist das sicher keine vertane Zeit. Den Jungs würde es aber so viel mehr helfen, wenn man zumindest einen Teil dieser Zeit dazu verwenden würde, sie auch körperlich zu fördern, sie sportlich fit zu machen und auszubilden.

Es ist ja wohl so, dass Mädchen früher feinmotorische Fähigkeiten entwickeln, während die Jungs zunächst eher ihre Grobmotorik entwickeln. Warum steuert man dann aber nur die Jungs in Richtung Feinmotorik, nicht aber die Mädchen in Richtung Grobmotorik (und damit meine ich nicht das freie Herumtoben)?

Leider ist es so, dass weder die meisten Kindergärten baulich, noch die meisten Erzieherinnen pädagogisch darauf vorbereitet sind, einen adäquaten Sportunterricht in ausreichendem Umfang abzuhalten. Dieses Problem setzt sich später in der Schule fort: Seit Jahren beklagen die verschiedensten Experten die Vernachlässigung des Sports an deutschen Schulen. Sportunterricht erscheint dort oft eher wie ein Streichkandidat, anstatt als zentraler Erziehungsinhalt ernst genommen zu werden.

Den Mädchen fehlt dadurch nicht unbedingt etwas, den Jungen aber sehr wohl. Nicht nur, dass sie beim Sport all die männlichen Verhaltensweisen zeigen dürfen, die sonst nicht schulkompatibel sind (laut sein, herumtoben). Den Jungs entgeht auch die wichtige Chance, etwas für ihr Selbstbewusstsein zu tun. Die sporadisch eingestreuten Sportstunden reichen nicht für eine fundierte Ausbildung, so dass die körperlich Schwachen von der Schule nicht von ihrem Los befreit werden können.

Wenn man also wirklich etwas für die Jungs tun will, dann ist der Sportunterricht ein wesentlicher Hebel für Verbesserungen.

KEINE CHANCE FÜR DAS TEAM?

Sie werden sich vielleicht fragen, wo denn vor lauter Wettbewerb und Streben nach Status die Gemeinschaft bleibt, das Team? Also doch alles Einzelkämpfer? Die Antwort lautet nein, denn Einzelkämpfer kann unsere Gesellschaft immer weniger gebrauchen.

Es ist aber fundamental wichtig zu akzeptieren, dass das Team für Jungs und Männer eine andere Bedeutung hat als für Mädchen und Frauen. Erfolg im Team freut die Jungs zwar schon auch, aber während sich das weibliche Geschlecht vor allem über die Gruppe definiert, haben die Jungs einen klar egozentrischen Ansatz.

Das liegt nicht nur daran, dass das männliche Geschlecht per se materialistischer eingestellt ist als das im Vergleich altruistischere weibliche Geschlecht. Jungs/Männer werden im Durchschnitt nie so selbstlos agieren wie Mädchen/Frauen. Studien zeigen auch, dass Empathie vor allem eine weibliche Tugend ist.

Deswegen braucht man(n) Statussymbole, denn Jungs und Männer sind simpel gestrickt: Wichtige Botschaften müssen klar kommuniziert werden, ohne Schnickschnack drumherum. Und natürlich ist der eigene Status wichtig und verlangt geradezu danach, kommuniziert zu werden. Man sieht es in den Zimmern von Jungs, auf der Straße oder an den Handgelenken der Männer: Statussymbole sind essentiell. Der Mann an sich möchte seine Duftmarke in die Welt setzen, und dafür nutzt er die sich ihm bietenden Möglichkeiten.

Und so gilt die einfache Rechnung: Je etablierter der Status und je selbstsicherer das männliche Wesen, desto entspannter kann er in einem Team mitarbeiten. Er muss sich ja nicht ständig beweisen. Wer sich in seiner Rolle und in seinem Status nicht sicher ist, für den bedeutet Teamarbeit die Hölle: Die Chance, dadurch Status zu gewinnen, ist nämlich minimal.

Wenn Sie im Berufsleben mit Teams zu tun haben, dann achten Sie mal darauf: Teams funktionieren besonders gut, wenn niemand dem anderen etwas beweisen muss oder gar die anderen als Wettbewerber empfindet. Dabei geht es übrigens gar nicht um den tatsächlichen Status, sondern den selbst empfundenen Status. Der Chef, der sich seiner selbst nicht sicher ist, kann da das größere Problem sein als der Azubi, für den das noch alles ein großes Abenteuer ist. Und wenn zwei Alpha-Tiere aufeinandertreffen, kann das schnell in unproduktive Hahnenkämpfe ausarten.

Also: Damit Jungs und Männer im Team »funktionieren« können, muss man sie erstmal gewinnen lassen. Teamfähigkeit können sie nicht sanft erlernen, Teamfähigkeit müssen sie sich erst hart erarbeiten.

Der zweite wichtige Punkt ist auch hier das Vorgeben von Strukturen. Es ist wie beim Sport: Wenn es klare Regeln und Positionen gibt, passen sich Jungs problemlos ein und tragen in ihrer Funktion gerne und motiviert zum Teamerfolg bei. Ohne diese Strukturen sind sie hilflos – es ist ihnen im Vergleich zu den Mädchen nicht gegeben, in einer solchen Situation unterschwellig vorhandene Strukturen zu erkennen, Kompetenzbereiche abzustecken und ungeleitet auf Ziele hinzuarbeiten. Dass viele Teams und Gremien in der Arbeitswelt dysfunktional sind und zu Plauderclubs verkommen, liegt genau hieran: Ohne klare Orientierungshilfen geht so etwas oft schief.

In einer Studie wurde nachgewiesen, dass Erfolg im Berufsleben anscheinend weniger mit den tatsächlichen Fähigkeiten der Arbeitnehmer zu tun hat, sondern viel mehr mit der Präsenz am Arbeitsplatz. Wer länger am Schreibtisch sitzt, hat mehr Erfolg. Und das ist ein Wettbewerb, bei dem die großen Jungs klar die Nase vorne haben. [27]

---

[27] Yvonne Haffner: Mythen um männliche Karrieren und weibliche Leistung. Opladen u.a., Barbara Budrich Verlag 2007.

Bisher war bewusst viel von Status und Gewinnen die Rede. Diese beiden Stichwörter bezeichnen eher das »Was«: Was muss man tun, um Jungs richtig zu *motivieren*? Ich sehe das als klaren Unterschied zur *Förderung* von Jungen. Im Begriff der Förderung schwingt für mich immer mit, dass man den Jungs etwas aufzwingt, was diese so eigentlich nicht wollen. Denn genau das ist in der Vergangenheit passiert: Man hat versucht, Jungs mit Konzepten zu »fördern«, die einfach nicht zu den Bedürfnissen der Jungs passen. Mit den Stichwörtern »Status« und »Gewinnen« werden dagegen die Bedürfnisse bezeichnet, mit denen man die Jungs dazu bringen kann, selbst etwas zur Verbesserung ihrer Situation zu tun. Und das Entscheidende dabei: Diese Bedürfnisse funktionieren universell. Sie gelten für jedes Alter, vor allem aber auch für jeden Lebensbereich: Diese Grundbedürfnisse stecken letztlich hinter allen ihren Handlungen: sowohl hinter den anachronistisch-männlichen als auch hinter den in der heutigen Zeit sozial kompatiblen Verhaltensweisen. Wie mehrfach beschrieben: Es kommt eben immer darauf an, was man daraus macht.

Das dritte Stichwort im Rahmen der männlichen Grundbedürfnisse ist »Identifikation«. Es bezeichnet nicht das »Was«, sondern das »Wie«: Wie müssen die auf den letzten Seiten beschriebenen Dinge umgesetzt werden, damit man die Jungs abholen kann?

LASST ES AUCH MAL KRACHEN!

Es lohnt sich an dieser Stelle, noch einmal den Blick auf die Medienvorlieben der Jungs zu werfen. Jungs mögen es laut und reizstark: In ihren Filmen und Fernsehserien muss es krachen und rumpeln. Realität ist nicht unbedingt gefragt, es muss überhöht und übertrieben sein – Hauptsache, es ist cool!

Die Ursache ist ganz einfach, dass Jungs sich über Handlungen und nicht über Beziehungen definieren, und diese Handlungen müssen möglichst in einer Art und Weise gezeigt werden, die den Jungs nicht den Zwang des »Das-müsste-ich-eigentlich-selbst-auch-Machen« aufbürdet. Coolness und Stärke ja, aber bitte keine Konfrontation mit den eigenen Unzulänglichkeiten. Alle Jungs funktionieren so und das ist eigentlich auch kein Geheimnis – man muss sich nur die Einschaltquoten im Fernsehen und die Lieblingsspielzeuge der Jungs ansehen.

Wieder geht es nicht darum, ob man das gut findet oder nicht. Wenn man Jungs erreichen und mit ihnen erfolgreich kommunizieren will, dann muss man sich diesen Anforderungen anpassen. Dabei ist es komplett egal, ob man den Jungs eine Süßigkeit oder die richtige Rechtschreibung »verkaufen« will: Es gilt der alte Werberspruch: Der Köder muss dem Fisch schmecken, nicht dem Angler.

Ich bin persönlich immer wieder frustriert von der Ignoranz, mit der gerade Pädagogen, aber auch viele Eltern den Vorlieben der Jungs begegnen. Statt sich den Wünschen der Kinder anzupassen, wird darauf bestanden, sie mit untauglichen Umsetzungen zu konfrontieren oder von den Jungen ähnlich viel Selbstreflektion zu erwarten wie von Mädchen – und dann beklagt man sich später, dass man mit seinen Bemühungen keinen Erfolg hat.

Man muss nur einen Blick in die aktuellen Schulbücher werfen und nach Gestaltungen suchen, die Jungs »abholen« können. Dass diese die Jungs nicht zum Lernen motivieren können, muss doch eigentlich jedem klar sein!

Anstatt auf die Werbung zu schimpfen, könnte man von ihr viel darüber lernen, wie man Kinder ansprechen und interessieren muss. Werbung ist darauf angewiesen und will deswegen unbedingt, dass ihre Botschaften bei den Jungs ankommen. Bei den meisten Schulbüchern habe ich diesen Eindruck nicht: Die werden anscheinend nur für die Pädagogen gemacht.

Wenn man es ernst meint mit der Ansprache der Jungen, dann muss es laut sein, grell und farbenfroh, und es braucht auch mal etwas derberen Humor und Action.

Ein schönes Beispiel dafür ist SpongeBob: Die meisten Erwachsenen mögen ihn aus zwei Gründen nicht: Er ist hässlich und seine Stimme klingt furchtbar. An dieser Stelle hört dann auch schon die Auseinandersetzung mit dieser Figur auf. Mit etwas mehr Bereitschaft, sich auf die schräge Gestaltung einzulassen, würden diese Erwachsenen vielleicht erkennen, dass SpongeBob vermutlich eine der spießigsten und wertkonservativsten Serien ist, die es im Fernsehen gibt. Da geht es um Themen wie Freundschaft, Zuverlässigkeit und Verantwortung, Eitelkeiten, Mogeleien und die Konsequenzen daraus – kurz: Die ganze Palette sozialen Lernens wird abgedeckt, nur eben in einem absurden Setting in Szene gesetzt.

Und das wirklich Wichtige am Beispiel SpongeBob: Eben weil diese Serie so absurd ist, schauen die Jungs sie an und akzeptieren eine Menge Inhalte und Themen, die sie sonst vermeiden würden wie der Teufel das Weihwasser. Weil SpongeBob so wie die Serie ist, kann man den Jungs das Thema soziales Lernen unterjubeln, ohne dass sie es merken.

Ein ähnliches Beispiel für etwas Jüngere ist die Serie »In einem Land vor unserer Zeit«: Nur weil es hier um Dinos geht und ab und zu auch ein Vulkan ausbricht, interessiert das auch die Jungs, denn auch hier geht es um die gleichen fundamentalen Themen wie bei SpongeBob.

Wie gesagt: Suchen Sie mal nach ähnlich umgesetzten Inhalten in Schulbüchern …

Zur Ehrenrettung der Schulbuchverlage: Natürlich ist nicht alles schlecht. Ein Beispiel habe ich tatsächlich im Schulbuch meiner Tochter gefunden: Da wurde das Thema Gradnetz der Erde am Beispiel des Untergangs der Titanic erklärt – zwar eine Katastrophe, aber cool für Jungs! [28]

GEBT DEN JUNGS HELDEN

Interessant ist auch, welche Figuren den Jungs so angeboten werden. In den Schulbüchern sind das fast immer normale Jungs und Mädchen, man will den Kindern ja auch Alltagssituationen nahebringen. Was vom Grundgedanken zwar passend ist, stößt bei den Jungs aber wiederum an die Grenzen: Solche Figuren interessieren sie einfach nicht, und wenn die Figuren sie nicht interessieren, steigen sie natürlich auch nur ungern in die Inhalte ein.

Stellen Sie sich ein Latein-Buch vor, in dem mal nicht ein Junge und ein Mädchen über ein Forum spazieren, sondern in dem ein Gladiator oder Legionär über sein Leben erzählt. Oder einen Außerirdischen, der in der Pflanzenwelt nach bestimmten Blumen oder Bäumen suchen muss, um damit auf seinem Heimatplaneten irgendetwas zu bewirken.

Jungs sind nicht an der Realität interessiert, sie suchen die Erhöhung durch das Besondere. Und sie brauchen besondere Figuren mit herausragenden Eigenschaften, mit denen sie sich identifizieren können. Sie brauchen aber keine süßen Plüschpuppen, die ihnen beibringen sollen, was richtig oder falsch ist. Sie brauchen erst recht keine zweifelnden oder reflektierenden Softies, die ihnen ihr Gefühlsleben nahebringen wollen: Da rennen die Jungs gleich davon!

---

28. Schulbuch Terra (Erdkunde 5, Gymnasium Bayern), Justus Perthes Verlag Gotha, 2003

Und da sind wir auch wieder beim Thema der männlichen Erzieher im Kindergarten bzw. bei den männlichen Grundschullehrern – die sind für die Kinder ja oft auch so etwas wie Superhelden ...

Hier wird gerne argumentiert, dass mehr Männer doch nur wieder alte Rollenschemata zementieren würden. Dieses Argument geht komplett am entscheidenden Punkt vorbei und zeigt eigentlich nur, wie wenig dabei verstanden wird, wie Jungs »ticken«. Auf den Punkt gebracht: Jungs wollen sich identifizieren können, doch sie identifizieren sich nur – jawohl: nur! – mit männlichen Figuren. Und daraus folgt automatisch, dass sie um ein Vielfaches geneigter sind, von einem Mann zu lernen, als von einer Frau. Und sie akzeptieren einen Mann viel eher als Vorbild, wenn er denn eine Form von Status verkörpert, die sie begehrlich finden. Familienväter sind für Jungen allein deswegen Vorbilder, an denen sie sich orientieren, weil sie in den meisten Familien Status haben und coole Dinge können, die die Jungs selbst noch nicht können.

Diese Mechanik ist wiederum universell gültig: Jungs übernehmen von männlichen Vorbildern, was diese ihnen vorleben – egal was das ist. Steckt man Machos als Lehrer in die Schule, wären die Befürchtungen wohl berechtigt, aber wird das wirklich passieren?

An anderer Stelle wurden in diesem Buch schon die verschiedenen Arten von Helden aufgeführt, von Stefan Raab über die Action-Helden bis hin zu den Fußballern. Solche Figuren sind es, zu denen Jungs aufblicken und von denen sie ggf. auch etwas lernen. Es war entsprechend auch kein Wunder, dass das brasilianische Fußball-Idol Pelé bei der Markteinführung Werbung für Viagra gemacht hat (»... zum Arzt gehen? Ich würde es tun.«).

BITTE KEINE ROSA RITTER!

Für mich als Mann ist es immer wieder erstaunlich: Wir sind doch so simpel gestrickt und lassen uns doch so wunderbar auf ein paar Grundbedürfnisse reduzieren. Und trotzdem gelingt es nicht, uns an die Hand zu nehmen und in die neue Zeit zu führen.

Ursache ist auf allen Ebenen, dass Urmännliches negiert wird. Jungsbedürfnisse sind nicht politisch korrekt. Ob es das Streben nach Status und das Gewinnen-Wollen ist oder die Vorliebe für Action in Film und Fernsehen: Was wir wollen, ist leider nicht gesellschaftskonform.

Trotzdem ist es eigentlich ganz einfach: Man muss uns große und kleine Jungs nur bei unseren Grundbedürfnissen abholen und diese dann auf politisch korrekte und pädagogisch sinnvolle Themen übertragen – dann wird alles gut. Wir brauchen keine Rosa Ritter wie in meinem Märchen. Wir brauchen coole schwarze Ritter,

… die in ihrer Männlichkeit so selbstbewusst und gefestigt sind, dass sie Teamarbeit als Bereicherung und nicht als Bedrohung erleben,

… die durch die richtige Ansprache und ein angemessenes Belohnungssystem auch dazu ermuntert werden, sich die Bereiche und Domänen zu erschließen, die heute noch nicht als männlich wahrgenommen werden,

… die sich auch mal rustikal austoben dürfen, ohne gleich unter Generalverdacht zu geraten.

MACHT DIE MÄDCHEN MUTIG

Mädchen haben es heute zwar leichter als früher, aber sie haben es ganz sicher nicht leicht: Die Schwarze Prinzessin aus meinem kleinen Märchen zeigt das ganze Dilemma: Alles können und dürfen, sich dabei aber vielleicht selbst verlieren.

Die öffentlichen Diskussionen der letzten Jahre kreisen dabei eigentlich immer um den gleichen Punkt: Wie viel Mutter steckt in der Frau, und wie viel Karriere soll bzw. will sie überhaupt machen? Anders ausgedrückt kommt man wieder zu der Frage: Wie viel in der modernen Frau ist angeborene Geschlechteridentität und wie viel ist erworbene Geschlechterrolle? Wenn die Zeitschrift *Stern* in einer Titelgeschichte behauptet, dass viele Frauen eigentlich gar nicht Karriere machen wollen, weil sie viel zu clever sind, um sich diesem Stress auszusetzen,[29] dann drückt das aus, wo hier das Dilemma liegt. Da kommt dann gleich wieder die zweiseitige Betrachtungsweise zum Zug: Ist es wirklich der »normale« Stress, der den Frauen zu blöd wird? Oder liegt es eher an den Stolpersteinen, die den Frauen noch immer in den Weg gelegt werden, dass sie also mehr leisten müssen als Männer und deswegen wirklich mehr Stress haben als Männer? Oder ist dies nur eine billige, gesellschaftskonforme Ausrede, um vielleicht doch glücklich den entspannten Rückzug in die angeborene Mutterolle ohne gesellschaftlichen Gesichtsverlust antreten zu können?

Jeder hat in seinem Bekanntenkreis sicher real existierende Beispiele für alle der beschriebenen Varianten: Die Frau, die dankbar ist, durch die Mutterrolle dem Druck der Arbeitswelt entkommen zu können, gibt es genauso wie die Frauen, die

---

29. Stern 40/2010: »Karriere? Das tue ich mir doch nicht an! Warum gut ausgebildete Frauen das Spiel der Männer um Macht und Status nicht mitmachen«

sich bewusst für den Job entschieden haben und darin voll und ganz aufgehen – egal ob mit oder ohne Kinder. Und natürlich gibt es genauso auch die Frauen, die sich bewusst für die Familie entschieden haben und später massiv unter ihrem Karriere-Defizit leiden, wie es auch Frauen gibt, die ihr Leben irgendwann als unerfüllt erleben, weil sie keine Kinder haben.

Die Frage nach dem Richtig und Falsch verbietet sich, weil jedes Leben anders ist. Es muss aber die Frage gestellt werden, wie man die Mädchen auf eine Gesellschaft vorbereiten kann, die viele Möglichkeiten bietet, die Mädchen bei der Auswahl zwischen diesen Möglichkeiten aber alleine lässt. Mit der üblichen Diskussion und Gegenüberstellung von Geschlechteridentität und Geschlechterrolle kommt man hier nicht weiter, weil diese Konstrukte aus ideologischen Gründen jeweils zu starr und dogmatisch gehandhabt werden.

Das Problem der Prinzessinnen: Alles können und dürfen, aber den richtigen Weg zwischen diesen ganzen Möglichkeiten zu finden, ist schwer bis unmöglich. Männer greifen hier zwar auch mal daneben, da ihnen aber die Gabe der Selbstreflexion nicht gegeben ist, merken sie das meistens gar nicht. Sie wursteln einfach weiter leidlich glücklich vor sich hin. Frauen merken aber, wenn etwas schief läuft. Und so wie die Situation heute ist, hat anscheinend fast jede Frau das Gefühl, dass bei ihr etwas schief läuft. Die arbeitende Mutter glaubt, dass sie ihre Kinder vernachlässigt, die nicht arbeitende Mutter denkt, dass in ihrem Leben etwas fehlt, und die Singlefrau sehnt sich nach Partnerschaft und Familie.

Frauen eiern zwischen den unterschiedlichen Rollenmodellen hin und her, die ihnen von der Gesellschaft nahegelegt werden, und die Ursache dafür liegt dann wohl doch in ihrer angeborenen Geschlechteridentität.

Der Ausweg aus diesem Dilemma ist das Akzeptieren und die Berücksichtigung der geschlechtsspezifischen Veranlagung von Mädchen und Frauen, sprich ihrer Grundbedürfnisse. Doch während das Problem der Jungs ist, dass ihre spezifischen Grundbedürfnisse von den Erziehungsinstanzen ignoriert bzw. sogar negiert werden, ist das Problem der Mädchen vielmehr, dass ihre Grundbedürfnisse vom Erziehungssystem zu sehr gefördert werden!

BRAVE MÄDCHEN KOMMEN IN DEN HIMMEL?

Keine Angst: Jetzt kommt nicht der Spruch von den bösen Mädchen, die überall hinkommen. Mir geht es um die braven Mädchen.

Ich bin selber Vater zweier Töchter und kann deswegen aus Erfahrung sagen: Es ist toll, eine brave Tochter zu haben. Ich habe nämlich eine, doch die andere – und das vermutlich als ausgleichende Gerechtigkeit – ist das genaue Gegenteil davon. Sie ist kein böses Mädchen, aber eben auch nicht brav. Wo die eine die sprichwörtlich Klügere ist, die immer nachgibt bzw. sich von guten und wohlklingenden väterlichen Argumenten überzeugen lässt, prallen alle Überzeugungsversuche an der anderen einfach ab – und das noch deutlich vor Einsetzen der pubertären Ignoranz.

Für unseren Familienalltag bedeutet das, dass sich meine brave Tochter quasi von selbst erzieht, ohne dass wir als Eltern nennenswert eingreifen müssen. Die andere Tochter müssen wir dagegen erziehen und das ist manchmal harte Arbeit.

Wenn ich aber an die Zukunft meiner beiden Nachkommen denke, dann mache ich mir um meine renitente Tochter keine Sorgen: Die wird ihren Weg gehen und ihren eigenen Kopf durchsetzen. Bei meiner anderen Tochter bin ich mir da nicht ganz so sicher: Sie ist viel zu sehr darauf aus, es allen recht machen zu wollen. Und wer es allen recht machen möchte, ist nicht davor gefeit, auch zu Dingen verleitet zu werden, die dem eigenen Wohl widersprechen.

Und hier kommt mein Eingeständnis: Daran bin auch ich als Papa mitschuldig. Natürlich habe ich meine Tochter gelobt, wenn sie mal wieder mitgedacht hatte oder zuvorkommend war. Natürlich habe ich mich gefreut, wenn sie bei einem Streit nachgegeben hat und dabei enorme soziale Kompetenz bewies. Und genauso wie ich das gemacht habe, ist es auch in der Krippe und dann im Kindergarten gelaufen: Ein Kind, für das man als Vater jede Menge Lob einfährt, weil es ja gar so sozial veranlagt ist. Ein kleines Mädchen verhält sich typisch weiblich, folgt also seinem Grundbedürfnis nach Integration und intakten Beziehungen, und wird dann dafür gelobt, was diese Eigenschaften logischerweise weiter verstärkt. Und schon steckt das Mädel in der Konsensfalle.

Das gleiche passiert übrigens auch beim Thema Mode: Wenn Mädchen sich verkleiden bzw. sich auch nur einfach anziehen, bekommen sie darauf unmittelbare Reaktionen auf ihre Kleidung. Wenn es zur Oma geht, heißt es: »Zieh dir was Hübsches an, dann freut sich die Oma.« Wir Erziehungsberechtigten bringen den Mädchen systematisch und in viel stärkerem Maße als den Jungen bei, wie wichtig die Kleidung im sozialen Leben ist. Die Mädchen lernen von uns, dass man Kleidung gezielt einsetzen soll, um bei anderen zu punkten. Und das machen sie dann natürlich auch, weil es ihrem Grundbedürfnis nach Integration so wunderbar entspricht – und wer kann so viel positiver Verstärkung schon widerstehen?

Wir Erwachsenen finden dieses Verhalten auch so lange toll, wie die Mädchen die Kleidung einsetzen, um uns zu gefallen. Wenn sie im Jugendalter die Kleidung aber plötzlich einsetzen, um dem Peter aus der 8. Klasse zu gefallen, oder ihr Modegeschmack uns plötzlich zu eigenwillig oder zu teuer wird, dann finden wir das plötzlich gar nicht mehr gut …

Worauf ich hinaus will, ist Folgendes: Es findet eine Prägung durch die Eltern und die Erziehungsinstanzen statt, die später nicht mehr korrigiert werden kann. Während die Erziehung bei den Jungs derzeit darauf hinausläuft, deren Bedürfnisse einfach zu ignorieren, findet bei den Mädchen genau das Gegenteil statt: Da wird in den Himmel gelobt, wer sich besonders weiblich verhält. Schade für die Mädchen!

Es heißt zu Recht, dass sich das Erziehungssystem stark an den weiblichen Bedürfnissen und Interessen orientiert, doch das ist nicht nur für die Jungen ein Problem – bei denen ist es nur offensichtlicher – sondern auch für die Mädchen. Bei Jungs wird gegen deren Grundbedürfnisse anerzogen, was nicht funktionieren kann. Bei den Mädchen wird dagegen zu einseitig positiv verstärkt.

DER WEG AUS DER KONSENS-FALLE

54% der 6- bis 12-jährigen Mädchen versuchen, Streit zu vermeiden. Bei den Jungen sind es nur 42%.[*]

Mädchen/Frauen sind beziehungsorientiert, integrativ und projektiv – so lassen sich die Veranlagung und die wesentlichen Grundbedürfnisse des weiblichen Geschlechts zusammenfassen.

Und hier liegt auch das Grundproblem der Mädchen: Wo Jungs zu egozentrisch sind, sind Mädchen zu konsensorientiert und altruistisch. Es gibt das schöne Sprichwort: »Der Klügere gibt nach«, und das ist wie gemacht für Mädchen. Eigentlich müsste das Sprichwort aber richtig heißen: »Wenn der Klügere immer nachgibt, dann wird die Welt von den Dummen regiert.« Leider hat man wohl vergessen, das den Mädchen zu sagen.

Wenn Mädchen typische Mädchen sind, dann sind sie die geborenen Konsensopfer. Man muss den Mädchen deswegen den Weg aus der Konsensfalle zeigen und sie noch stärker dazu bringen, die eigenen Interessen zu vertreten bzw. sich überhaupt erst der eigenen Fähigkeiten bewusst zu werden.

In Kindergärten und Schulen wird ein Lernumfeld geschaffen, das perfekt zur Veranlagung der Mädchen passt. Da gibt es nicht nur sehr viele mädchengerechte Aktivitäten, sondern die Schule ist auch generell auf Integration und Miteinander ausgerichtet. Weibliche Kernkompetenzen sind gesellschaftskonform und werden entsprechend gezielt gefördert und verstärkt: Die Mädchen werden dank der Schule noch beziehungsorientierter und integrativer.

Der Erfolg, sprich die guten schulischen Leistungen der Mädchen, gibt diesem Ansatz ja auch Recht. Was in der Schule aber gut funktioniert, sieht dann später im Berufsleben oft ganz anders aus. Wenn sie nämlich ins Erwachsenenleben entlassen werden, knallen die jungen Frauen buchstäblich vor die Wand. Und dann bringt bei vielen auch die beste schulische Vorbereitung nichts mehr: Sie scheitern am Widerspruch zwischen ihrer Veranlagung (die ja während ihrer Kindheit und Jugend auch bestärkt und gefördert wurde) und der Realität der heutigen Gesellschaft. Das betrifft aber nicht nur die nach wie vor männlich geprägte Kultur in der Arbeitswelt, sondern vor allem auch die Notwendigkeit, durch die vielen divergierenden Rollenmodelle zu navigieren, die es für Frauen gibt.

In der Arbeitsweilt ist es noch vergleichsweise einfach: Da wird den Frauen nämlich geraten, sich plötzlich einfach wie Männer zu verhalten.

In einer Studie wurde festgestellt, dass Frauen in Management-Positionen ihr Rollenverständnis eher über die »Soft Skills« definieren, während als »Karrierebeschleuniger« praktische harte Qualifikationen gelten, u. a. die Bereitschaft, neue Technologien zu erlernen und anzuwenden oder zusätzliche Verantwortung und komplexe Aufgaben zu übernehmen. In der Konsequenz fühlen sich nur 32 Prozent der in Deutschland befragten weiblichen Führungskräfte für die Zukunft gerüstet, bei den Männern sind es immerhin 49 Prozent. Die daraus gezogene Schlussfolgerung: »*Entscheidend ist für die Zukunft, dass weibliche Führungskräfte sich im Kontext der Globalisierung ihrer Stärken bewusst werden und diese kontinuierlich ausbauen.*« *Diese Stärken sind aber die der Männer ...* [30]

Für berufstätige Frauen gibt es z. B. eine ganze Menge an Ratgebern für das bessere »Selbstmarketing«, um im Job voranzukommen. Da werden Tipps gegeben, wie Frauen frauentypische Fehler vermeiden können: Während Männer z. B. bei Bewerbungen jedes Detail in ihren Lebenslauf einbauen, um sich fachlich gockelgleich aufzuplustern, stellen Frauen ihr Licht oft zu sehr unter den Scheffel, anstatt ebenfalls mit ihren Leistungen anzugeben.

Die einfache Logik hinter diesen Ratschlägen: Wenn die Frauen sich an die Spielregeln der Männer halten, wird auch im Beruf alles gut. Leider sind die Frauen aber keine Männer, und männliche Spielregeln passen nicht zu den weiblichen Grundbedürfnissen.

Noch schwieriger wird es, wenn es um das generelle Einordnen in die Gesellschaft, sprich die Übernahme von Rollen geht. Ob tauglich oder nicht: Da gibt es gar keine einfachen Patentrezepte mehr, die den jungen Frauen den Weg zwischen Mutterrolle und/oder Berufstätigkeit oder zwischen Abhängigkeit und Selbstständigkeit zeigen oder ihnen bei der Entscheidung helfen könnten.

---

30. Accenture-Studie »One Step Ahead of 2011: A New Horizon for Working Women«, Kronstadt 2008.

Man bietet den Mädchen also heute in der Schule ein Umfeld, in dem sie sich ihrer Veranlagung entsprechend gut entwickeln können. Aber dennoch passt da etwas nicht: Diese extreme Anpassung an weibliche Grundbedürfnisse ist offensichtlich keine ausreichende Vorbereitung auf das, was nach der Kindheit folgt.

Nun kann man natürlich beklagen, dass die Gesellschaft noch nicht so weit und einfach noch zu sehr von männlichem Macho-Gehabe geprägt ist. So lange sich die Gesellschaft aber nicht als Ganzes in Richtung eines harmonisch-friedlichen Miteinanders bewegt und die weiblichen Tugenden in Gänze umsetzt, haben die Mädchen und Frauen ein Problem.

Die Schwierigkeiten rühren daher, dass sie mit ihrer starken Konsens- und Beziehungsorientierung auch nicht wirklich weiterkommen. Wie gesagt: Wer es allen recht machen möchte, verliert sich dabei möglicherweise selbst.

MUT ZUM EGOISMUS

32% der 6- bis 12-jährigen Mädchen stellen ihre eigenen Wünsche auch mal zurück, um die Freundschaft mit anderen nicht zu stören – aber nur 23% der Jungen würden dies tun.[*]

Noch ein Beispiel aus dem Alltagsleben vieler Familien: Den meisten Mädchen kann man recht gut erklären, warum es das eine oder anderen Geschenk nicht gibt. Jungs dagegen quengeln und insistieren dagegen oft sehr viel penetranter. Mit dem Erfolg, dass sie oft mehr »abzocken« als die Mädchen. Wer nicht fragt, kriegt halt auch nichts.

Mädchen und Frauen würden in jeder Lebenslage mehr bekommen, wenn sie denn danach fragen würden. Dass Männer bei gleicher Arbeit mehr verdienen, liegt eben auch daran, dass sich die Frauen mit weniger begnügen.[31] Dabei zeigt eine weitere Studie des Deutschen Instituts für Wirtschaftsforschung, dass die Unternehmen die Qualifikationen der Frauen durchaus honorieren: Das Einstiegsgehalt weiblicher Führungskräfte unter 30 Jahren liegt im Schnitt um sieben Prozent über dem ihrer männlichen Kollegen.[32] Die Einkommensschere geht erst später auseinander.

Keine Angst, liebe Eltern von Mädchen (und hier bin ich ja auch selbst betroffen): Sie sollen Ihre Töchter nicht zum Quengeln erziehen. Aber Sie sollen Ihre Töchter dazu erziehen, dass sie legitime Rechte auf Erfüllung ihrer Wünsch haben.

Erinnern Sie sich noch an die Cosby Show? In einer Folge hatte der Sohn Theo Eintrittskarten zu einer coolen Fernsehsendung gewonnen und wollte seine Freunde mitnehmen. Durch einen dummen Zufall war schließlich nur noch eine Karte übrig und so stand er mit seinem besten Freund vor der Tür zum Fernsehstudio. Wer sollte nun die begehrte Karte bekommen? Der Sohn bot sie dem Freund an, der der größte Fan der Sendung war, doch der lehnte ab, weil ja Theo die Karte gewonnen hatte. Theo bot sie nochmal an, der Freund lehnte wieder ab und so ging es hin und her – bis der Freund plötzlich »Danke« sagte und mit der Eintrittskarte schnell im Fernsehstudio verschwand. Zurück blieb der traurige und geschockte Theo, der sich dann bei seinem Vater bitter über den Freund beklagte: Der hätte doch ablehnen <u>müssen</u>, weil er die Karte ja nicht selbst gewonnen habe.

---

31. Quelle: Studie des Deutschen Instituts für Wirtschaftsforschung, der Universität Bielefeld und der Universität Konstanz.

32. Zitiert nach einer Meldung auf Bild.de: »Frauen und Karriere – die zehn größten Irrtümer«, 19. Februar 2009.

Die Antwort des Vaters lautete sinngemäß: »Biete anderen niemals etwas an, was du nicht auch wirklich verschenken willst.«

Es gibt die Freiheit zu teilen, es darf aber keinen Zwang dazu geben. Es ist richtig und gut, auch mal egoistisch zu sein – das kann nämlich zum einen auch ungemein glücklich machen, zum anderen ist es fair, weil jeder das Recht auf die Vertretung der eigenen Interessen hat.

Im schulischen Bereich gibt es die verschiedensten Aktionen, um die Mädchen aus dieser Konsensfalle zu holen. Da gibt es die vielen Projekte, bei denen es um Gewalt- und Suchtprävention oder um sexuelle Selbstbestimmung geht (»Trau dich, nein zu sagen«). Doch setzen diese Projekte meistens erst ein, wenn es eigentlich schon zu spät ist, und nicht schon in der Phase, in der das Selbstbewusstsein geprägt wird. Mädchen muss von frühester Kindheit an und in viel stärkerem Maße beigebracht werden, dass man seine persönlichen Neigungen und Fähigkeiten ausleben darf, ja sogar ausleben muss.

Diese Botschaft braucht man Jungs nicht zu erklären, die tragen sie seit ihrer Geburt mit sich herum. Für Mädchen ist es aber fundamental wichtig, dass auch sie diese Botschaft verinnerlichen – sie steht vordergründig nämlich im krassen Gegensatz zu ihrem Grundbedürfnis nach Integration und Beziehung.

Es ist deswegen wichtig, die Mädchen frühzeitig an den Gedanken heranzuführen, dass Beziehungsfähigkeit nichts mit Selbstaufgabe zu tun hat und dass man auch integriert sein kann, obwohl man ab und zu die eigenen Interessen verfolgt. Die weiblichen Grundbedürfnisse bleiben erhalten, sie werden nur anders und mit modifizierten Schwerpunkten umgesetzt.

Statt Mädchen dafür zu loben, wenn sie nachgeben oder Konflikten aus dem Weg gehen, sollten sie dafür gelobt werden, wenn sie ihre Position vertreten. Anstatt zu lernen, dass eine Gruppe nur durch Harmonie Zusammenhalt gewinnt, sollten sie lernen, dass die Gruppe sich auch durch die Auseinandersetzung und das daraus entstehende Verständnis füreinander weiterentwickeln kann.

Dazu zählt vor allem eine adäquate Streitkultur: Es ist typisch für weiblich geprägte Gruppen, dass Konflikte nicht offen angesprochen und ausgetragen werden, sondern unterschwellig vor sich hin köcheln. Im Extremfall führt das z. B. zu Mobbing.

Wenn Frauen im Beruf gemobbt werden, dann meistens von anderen Frauen und nicht etwa von Männern.[33] Die Amerikanerin Nan Mooney beschreibt in ihrem Buch »I can't believe she did that« das Phänomen der »Queen Bee«: Eine Managerin, die wie eine Bienenkönigin keine andere Königin neben sich duldet – und Konkurrentinnen deshalb eliminiert.

Möglich ist dies, weil die Mädchen Regeln für die Erhaltung ihrer Beziehungen erlernen, die einen oberflächlichen Harmoniebegriff über alles stellen.

Am Ende eines Streits unter Mädchen muss natürlich immer eine Lösung stehen, die den Zusammenhalt der Gruppe stärkt. Neben dem Wissen um die unterschiedlichen Meinungen muss deswegen auch ein Bewusstsein für die Gemeinsamkeiten entstehen, die die Gruppe verbinden. Wenn diese Gemeinsamkeiten erkannt werden, dann können Mädchen auch gewisse Differenzen innerhalb der Gruppe akzeptieren. Und das Akzeptieren dieser Differenzen ist die Voraussetzung für einen gesunden Egoismus der Mädchen.

---

33. Quelle Bild.de: »Frauen und Karriere – die zehn größten Irrtümer«, 19. Februar 2009. Zitat: »Von wegen Solidarität mit dem eigenen Geschlecht: Stutenbissigkeit heißt das, was sich in den Büros dieser Welt abspielt.«

MUT ZU INDIVIDUALITÄT

Es wird immer jemanden geben, der etwas besser kann als die anderen, und das ist auch gut so. Denken Sie aber mal an den typischen Kunstunterricht in der Schule oder die Aktivitäten im Kindergarten: Da werden in der Regel einheitliche Aufgaben vorgegeben, die alle Kinder bewältigen sollen. Natürlich gibt es dann immer Kinder, die z. B. besser malen oder sauberer ausschneiden können. Die Pädagogin muss dann nicht einmal das eine Bild hervorheben, um die anderen Kinder zu frustrieren, die nicht so gut zeichnen können – Kinder sind ja nicht blind. Nicht nur die wettbewerbsorientierten Jungen, sondern auch die Mädchen nervt es ganz gewaltig, wenn andere schönere Blumen oder Pferde zeichnen können. Und die Meistermalerin – so sie denn weiblich ist – sollte natürlich keinesfalls herumgehen und allen ihr Bild zeigen, denn dann wäre sie sofort eine angeberische Zicke.

In der Schule reflektieren die Noten die Leistung. Die übliche Handlungsstrategie von Pädagogen im Kindergarten ist aber, so zu tun, als würden alle die Aufgabe toll bewältigen, denn man möchte ja niemanden entmutigen. Jemanden zu entmutigen ist natürlich tatsächlich nicht nett, aber wäre es nicht besser, stattdessen etwas zu finden, was diese Person *besser* kann? Und dann echte Anerkennung dafür zu zollen?

Der Alltag in Kindergärten und Schulen lässt es meistens nicht zu, dass Kinder sich wirklich entfalten können. Das Problem der Jungen ist, dass ihnen Aufgaben gestellt werden, bei denen sie nicht glänzen können. Bei den Mädchen ist es ganz anders: Sie werden im ersten Schritt zwar prinzipiell mit den richtigen Aufgaben versorgt, im zweiten Schritt werden sie dann aber nicht weiter dazu angeleitet, ihre Persönlichkeit zu entfalten. Sie werden – wie in den Familien auch – in ein Korsett gezwängt, das zwar perfekt zu ihren Grundbedürfnissen passt, sie aber gleichzeitig auch darauf beschränkt. Mädchen machen immer das, was alle anderen Mädchen auch machen – weil sie dazu erzogen werden. Weil aber das Gemeinsame, das »Wir« so sehr dominiert, bleibt kein Raum für das Individuelle.

Um es einmal brutal auszudrücken: Mädchen werden in unserer Gesellschaft während der Kindheit zu mehrheitsfähigen, angepassten Mitläuferinnen erzogen, und es ist eigentlich erstaunlich, wie viele Mädchen es während der Jugend und als Erwachsene dennoch schaffen, Eigenständigkeit und Individualität in ihrer Persönlichkeit zu entwickeln. Deutlich weniger Mädchen und Frauen schaffen es dann aber auch noch, vollends in ihrer eigenen Persönlichkeit aufzugehen.

Dabei ist es gerade für Mädchen besonders wichtig, sie in ihrer Individualität zu stärken und ihnen zu zeigen, dass es ihre ganz persönlichen Eigenschaften und Fähigkeiten sind, die den Unterschied machen. Weil Mädchen aber dem Zwang zum Konsens unterliegen, entdecken sie oft erst gar nicht, welche Möglichkeiten in ihnen stecken.

Für die Schule heißt das beispielsweise vor allem, den Mädchen mehr Freiräume zu lassen und sie vom Konsenszwang zu befreien. Im ersten Schritt sollten die Mädchen z. B. ohne jeden Gruppen- und Leistungsdruck und Wettbewerb Dinge ausprobieren und einüben können.

Es gibt Modellprojekte, die in die richtige Richtung gehen und bei denen z. B. sensible Fächer wie Mathematik getrenntgeschlechtlich unterrichtet werden. Dahinter stehen Beobachtungen, dass manche Mädchen im Sinne einer »self fulfilling prophecy« in Mathe nur deswegen schlechter als Jungs sind, weil sie sich Mathe nicht so zutrauen und ihre Stärke nicht entwickeln können. Beim getrennten Unterrichten versucht man, Lernbarrieren abzubauen, die durch den direkten Vergleich mit dem anderen Geschlecht entstehen könnten.[34]

Das sind aber nur die wenigen Ausnahmen, die die Regel bestätigen: Erst locken wir die Mädels mit tollen Mädchensachen in die Konsensfalle des »Mädchenseins« hinein, dann machen wir den Deckel zu und aus der Falle purzeln brave angepasste Mädchen heraus. Und wir wundern uns dann, warum diese Mädels Probleme haben, später als Erwachsene ihren eigenen Weg ohne schlechtes Gewissen zu gehen.

Es geht bei Mädchen also nicht darum, sie wettbewerbsfähig zu machen, sondern individualitätsfähig. Erst wenn die Mädchen erkennen, was ihre persönlichen Stärken sind, und wenn sie dann noch lernen, dass sie zu diesen Fähigkeiten auch stehen dürfen, dann werden sie sich im Leben das holen, was ihnen zusteht.

MUT, DIE EIGENE STÄRKE ZU ZEIGEN

Nur 46% der 6- bis 12-jährigen Mädchen finden, dass man zeigen sollte, wenn man etwas gut kann, selbst wenn andere es nicht so gut finden – aber 57% der Jungen.*

Jungs und Männer sind per Definition, prinzipiell und jederzeit der Meinung, dass sie alles am besten können.

Das wollen sie der Welt auch beweisen, und ihre real existierende Könnerschaft im Wettbewerb mit den anderen Männchen drückt sich dann in den bei Männern so beliebten Hierarchien aus, bei denen – so die Theorie – der Fähigste

34. Auch Jungs können von getrenntem Unterricht profitieren, wenn sie ihre Defizite gegenüber den Mädchen z. B. beim Lesen stressfreier abbauen können. Sie müssen dann keine Angst haben, beim Lesen gegen die Mädchen zu »verlieren« …

oben stehen sollte. Die Realität zeigt allerdings, dass es mit dieser Theorie nicht so gut bestellt ist. An der Spitze vieler Hierarchien stehen nicht unbedingt die besten Köpfe, aber meistens die lautesten.

Auch bei Männern funktionieren Hierarchien also nicht immer. Für viele Mädchen und Frauen sind Hierarchien aber ein Gräuel: Bestenfalls ist für sie das Prinzip des »primus inter pares« akzeptabel, bei dem man nicht so sehr als einzelne Person herausragt. Herausragende Leistungen sind ihnen nicht nur vergleichsweise unwichtig (sie sind ja nicht kompetitiv veranlagt), sie sind ihnen oft sogar suspekt. Könnerinnen werden schnell zu doofen Angeberinnen.

Dennoch gilt bei Mädchen das Gleiche wie bei den Jungen: Auch die Mädchen brauchen etwas, das sie gut können, auf das sie stolz sind. Es ist gerade bei Mädchen aber zusätzlich auch noch ein massives Problem, sie vom konsensgetriebenen »Ja« abzubringen.

Mädchen brauchen die Gewissheit, dass die besonderen Fähigkeiten der Einzelnen nicht die Gruppe sprengen, sondern im Gegenteil die Gruppe stärken. Sie müssen entsprechend nicht nur lernen, zu ihrer eigenen Individualität und ihren Stärken zu stehen, sondern auch noch, wie man sie integrativ und beziehungsstärkend einsetzen kann.

Es ist wie beim Theater: Damit die Schauspieler glänzen, braucht es Licht, Kostüme, Bühnenbild – das Team wird erst durch die Leistungen der Einzelnen richtig stark. Im Team darf jeder seine Leistung zeigen und wird dafür dann auch anerkannt.

Es geht aber nicht nur um das Erkunden der eigenen Stärken, sondern umgekehrt gilt ebenso: Mädchen müssen erlernen, dass sie nicht alles perfekt zu können brauchen. Jungs reicht oft ein einzelner Kompetenzbereich aus, um daraus Status zu schöpfen – und wenn es nur die Briefmarkensammlung ist. Mädchen und Frauen scheinen aber dazu verdammt zu sein, alles und jedes perfekt zu können. Haben Sie schon mal in einer Frauenzeitschrift das Porträt einer Frau gesehen, die im Beruf sehr erfolgreich ist, aber Schwierigkeiten hat, das auch mit der Familie zusammenzubringen, und die abends deswegen nur eine Tiefkühlpizza statt eines 3-Gänge-Menüs auf den Tisch zaubert? Oder der Frau, die fünf Kinder hat und deswegen meistens im Schlabberpulli durch einen chaotischen Haushalt hetzt? Wann wird es mal eine Home Story von einem weiblichen Star geben, bei dem die Wohnung nicht wie aus einem Architekturmagazin zu kommen scheint und mal ganz real unaufgeräumt ist?

Keiner kann immer alles können – das gilt auch für Mädchen und Frauen, und auch das hat man anscheinend vergessen ihnen zu sagen. Es wird ihnen aber auch nicht beigebracht. Zur eigenen Persönlichkeit gehören jedoch nicht nur die Stärken, sondern auch die Schwächen – beides muss man erkennen und akzeptieren. Eine gute, funktionale Gruppe zeichnet sich ja gerade dadurch aus, dass jeder das einbringt, was er am besten kann.

Für Mädchen und Frauen bedeutet das Leben und Arbeiten in einer Gruppe aber noch zu oft, dass eigentlich alle irgendwie das Gleiche machen/können/sollen. Und diesen Anspruch kann niemand erfüllen, zumindest keine reale Person.

HOLT DIE MÄDCHEN BEI IHRER VERANLAGUNG AB

Bisher werden bei diesem Kapitel wohl alle VertreterInnen des Gender Mainstreaming fleißig genickt haben, die sich das Aufbrechen tradierter Rollenstrukturen zum Ziel gesetzt haben. Die beschriebenen Aspekte werden ständig thematisiert und die Forderungen umgesetzt – wie die angeführten Beispiele aus dem schulischen Bereich oder z. B. auch der Girls Day in den Unternehmen zeigen.

Leider scheitern viele dieser Aktionen nicht nur daran, dass sie zu spät einsetzen. Während der Jugend ist es schon viel zu spät, da grundlegende Wertstrukturen früher geprägt werden. Der Hauptgrund für das Scheitern ist vielmehr, dass diese Aktionen sich nicht an der Veranlagung der Mädchen orientieren.

Man muss die Mädchen zunächst bei ihren Bedürfnissen abholen. Genau das passiert z. B. beim Girls Day überhaupt nicht: Da werden die Mädchen in ein artfremdes Umfeld gesetzt und man wundert sich, warum die Mädchen keine Lust auf die ihnen vorgestellten Berufe haben.

Erst wenn man sie bei ihren emotionalen Bedürfnissen gepackt hat, kann man sie über genau diese Bedürfnisse dazu bringen, den eigenen Horizont zu erweitern. Wenn der Meister oder Ingenieur in der Fabrikhalle z. B. von seinem Maschinenpark schwärmt, wird er sicherlich die Leistungsfähigkeit und die vielen Features loben, die dieses technische Meisterwerk auszeichnen – er ist ja meistens ein Mann. Mädchen ist so etwas aber egal und kann sie auch nicht begeistern. Wenn die Maschine aber vermenschlicht würde, sie also einen Namen hat, man sie »füttern« und »dressieren« muss und sie dafür dann die tollsten Kunststücke vollführen kann, dann würde die Mädchen beim Rundgang sicher ganz anders zuhören. Mädchen fragen nicht nach Fakten, sondern nach dem Sinn, und am meisten Sinn gibt eine Beziehung – also muss eine emotionale Beziehung zwischen Mädchen und Maschine aufgebaut werden. Ja: Man kann den Mutterinstinkt der Mädchen und Frauen auch auf Maschinen und Gegenstände übertragen und würde damit mit Sicherheit viel Erfolg haben! Wem das zu viel Klischee ist, der möge bitte an den Erfolg denken, den emotional verpackte Technik wie das iPhone oder der VW Beetle bei Frauen hat, und sich fragen, warum das wohl so ist.

> *Noch einmal die Studie aus dem Jahr 2007: Während*
> *Frauen vor allem Unternehmen bevorzugen, die ihre*
> *gesellschaftliche Verantwortung wahrnehmen, und*
> *die Identifikation mit den künftigen Kolleginnen und*
> *Kollegen als eines der wichtigsten Kriterien bei der*
> *Jobwahl ansehen, motiviert den Mann eher die pure*
> *Begeisterung für das Produkt.*[35]

Das Gleiche gilt auch für das so wichtige Entwickeln von Individualität: Auch hier werden die Mädchen nicht wirklich abgeholt. Von Pippi Langstrumpf war schon die Rede: Im Grunde verkörpert sie all das, was auf den Seiten zuvor gefordert wurde, nämlich den Mut zu Individualität und einen Egoismus, der der Gruppe nützt. Doch Mädchen wollen nicht so sein wie sie, weil sie außerhalb des gesellschaftlichen Konsenses steht. Die Individualität, die in Pippi steckt, ist nicht richtig an die Grundbedürfnisse der Mädchen adaptiert, weil sie zu aggressiv und provokativ umgesetzt ist.

Und das ist der entscheidende Punkt: Mädchen muss zusätzlich auch immer signalisiert werden, dass sie trotz aller Individualität immer integriert und ihre Beziehungen intakt bleiben können – und das fehlt Pippi Langstrumpf und auch den meisten Aktionen im Bildungssystem weitgehend.

Doch während es zu wenig mädchengerechte Hinführung zur Individualität gibt, werden die Mädchen andererseits mit Konsensthemen bombardiert, die ihrer Veranlagung zwar entsprechen, den Mädchen aber nicht bei ihrer persönlichen Entwicklung helfen.

Es gibt eine Bewegung, die sich unter dem Namen »Pink Stinks« der Aufgabe verschrieben hat, das Diktat der Farbe Pink in der Mädchenwelt zu durchbrechen. Diese Menschen nervt es,

---

35. Umfrage der Unternehmensberatung McKinsey & Company und des Karrierenetzwerks e-fellows.net: »Most Wanted – die Arbeitgeberstudie«, 2007

dass Produkte für Mädchen fast immer rosa sind, und sie fordern ein Ende der stereotypen Farbcodierung von Produkten.

Die Farbe Pink ist in der Tat eines der besten Beispiele für ein kulturelles und damit anerzogenes »Geschlechtermerkmal«. Dass Pink bzw. Rosa als Mädchenfarbe und Blau als Jungenfarbe eingesetzt werden, ist eine relativ junge Erfindung des 20. Jahrhunderts und definitiv nicht angeboren. Es zeigt aber sehr deutlich, wie eng der Konsensrahmen ist, der derzeit um die Mädchen gezogen wird. Platz für das Entwickeln von Individualität wird da nicht gelassen. Die wirksamste Waffe, um den Mädchen bei der Entwicklung ihrer eigenen Persönlichkeit zu helfen, wäre mehr Farbenvielfalt im Kleiderschrank, mit der die Mädchen dann ganz natürlich umgehen können ...

Ob im Schulunterricht oder im Kindergarten: Gerade Mädchen schlüpfen so gerne in unterschiedliche Rollen und verkleiden sich. Das könnte doch viel stärker genutzt werden, um im Rahmen von kindgerechten Rollenspielen Individualität und Stolz auf eigene Fähigkeiten zu entwickeln.

Nur ein Beispiel: Tiere sind stereotyp mit verschiedenen Eigenschaften belegt. Der Fuchs ist schlau, der Elefant stark und der Schwan ist schön und eitel. Wenn Mädchen im Spiel in diese Rollen schlüpfen, können sie ausprobieren, wie rollenkonformes Verhalten sich in der Gruppe auswirkt, dass der Schwan zwar der Schönste sein darf, aber nervt, wenn er zu eitel ist. Oder dass der Elefant bei allen als starkes Tier beliebt sein kann, selbst wenn er vielleicht nicht der Hellste ist.

Die weiblichen Hauptfiguren aus Fernsehserien wie WINX, W.I.T.C.H. oder Disney's Feen rund um Tinkerbell machen es vor: Da geht es immer um eine Clique von Mädchen, die alle unterschiedliche magische Fähigkeiten und Temperamente haben. Diese Gruppen bzw. auch einzelne Charaktere werden regelmäßig mit Herausforderungen konfrontiert, die die Einzelne nicht alleine bewältigen kann, sondern die nur im Team zu schaffen sind. Also helfen die Mädchen zusammen, und jede trägt ihren Teil zum Happy End bei. Doch kann jede der kleinen Feen oder Hexen ihre Individualität auch nur im Rahmen der Gruppe ausleben: Wer es zu weit treibt, wird von den anderen zurückgepfiffen. Hier spiegelt sich die Form von Individualität wider, die die Mädchen brauchen: Die eigenen Fähigkeiten und die eigene Persönlichkeit kennen, diese auch ausleben dürfen, aber immer im Rahmen der Gruppennormen. Da besteht weder die Gefahr der Isolation wie bei einer Pippi Langstrumpf, noch das Risiko, durch zu viel Anpassung in die Konsensfalle zu tappen.

GEBT DEN MÄDCHEN EINE ANDERE BEZIEHUNGSKULTUR

Mir persönlich ist es ehrlich gesagt egal, ob kleine Mädchen nun auf Pink oder auf irgendeine andere Farbe stehen. Viel wichtiger ist etwas anderes. Emanzipation hin und Frauenbewegung her: Das größte Hemmnis der Mädchen sind nicht rosa Klamotten, sondern das, was dahinter steht: die Erziehung zu den willigen Konsensopfern in der frühen Kindheit und im Grundschulalter – Pink ist nur das sichtbarste Symptom hierfür.

Schon im Kleinkindalter wird den Mädchen nämlich all das eingetrichtert, was ihnen später zu schaffen macht. Hier wird ihnen beigebracht, ein braves Mädchen zu sein und sich immer schön an den anderen zu orientieren. Denn tun sie das, dann werden sie durch die Stärkung ihrer Beziehungen belohnt, und da Mädels aller Altersgruppen nun mal Beziehungsjunkies sind, machen sie bereitwillig mit.

Die Erziehung hin zum Konsens wäre auch wunderbar und akzeptabel, wenn wir in einer egalitären Konsensgesellschaft leben würden, in der alle das Gleiche machen und wollen.

Doch leider sieht die Realität anders aus. In der Realität prallt das weibliche Konsensbedürfnis auf Egoismus und Wettbewerb. Und selbst wenn Deutschland bald zum Konsensparadies würde: Bis die Russen und Chinesen so weit sind, wird es wohl noch einige Dekaden länger dauern.

Emanzipation und die Gleichstellung der Frauen ist aber eben nichts, was erst durch Konsenserziehung vorbereitet und später durch den Gesetzgeber in die Köpfe hinein verordnet werden kann, sondern etwas, das den Mädchen von frühester Kindheit an kontinuierlich beigebracht und anerzogen werden muss.

Es geht auch nicht darum, den Mädchen zu vermitteln, dass sie die gleichen Rechte und Chancen haben wie die Jungen – das bekommen die Mädchen heute schon mit. Viel wichtiger ist es, ihnen frühzeitig das Recht auf Individualität und auch die Fähigkeit dazu zu vermitteln – und dafür müssen sie vor allem eine andere *Beziehungskultur* erlernen.

Mädchen müssen lernen, ihr Grundbedürfnis nach Beziehungen und nach Integration so umzusetzen, dass dies nicht in Selbstaufgabe mündet. Dazu dürfen sich ihre Beziehungen aber nicht nur auf vordergründige und oberflächliche Harmonie zwischen Gleichen begründen, sondern müssen aus dem sinnvollen Zusammenspiel unterschiedlicher Charaktere entstehen.

- Deswegen sind für Mädchen im schulischen Bereich Aufgaben ideal, die der Gruppe gestellt werden, die aber Arbeitsteilung zwingend erfordern, um zum gemeinsamen Ergebnis zu kommen. Dazu gehört z. B. auch eine »Kommando-Struktur«, die das gemeinsame Arbeiten koordiniert und führt. Durch das Verändern der Aufgaben innerhalb der Gruppen können die Mädchen erkunden, welche Rolle ihnen am meisten behagt.

- Im Leben geht es nicht ohne Hierarchien ab. Entsprechend muss sowohl die Notwendigkeit von Hierarchien als auch der konkrete Umgang damit für Mädchen zugänglicher gemacht und mit ihrem Harmoniebedürfnis verbunden werden. Mädchen müssen in der Schule und im Kindergarten sanft erlernen, wie es sich anfühlt, der »Bestimmer« zu sein. Man muss ihnen routinemäßig Aufgaben übertragen, die eine gewisse Befehlskompetenz haben, damit sie dies einüben können, ohne sich selbst aktiv in der Vordergrund spielen zu müssen.

Es ist nicht jedem/jeder gegeben, ein Häuptling zu sein, manche fühlen sich in der Rolle des Indianers sogar sehr viel wohler. Es sollten aber alle Kinder und auch alle Mädchen herausfinden können, ob sie eher die Veranlagung zum Häuptling oder zum Indianer haben.

GEBT MÄDCHEN WELTEN

Nachdem es bislang stark um das »Was« ging, kommt mit dem Stichwort der projektiven Veranlagungen wiederum das »Wie« zum Tragen: Wie müssen Umsetzungen sein, die die Mädchen abholen können? Jungen und Männer orientieren sich an einzelnen Personen, an Vorbildern, denn sie wollen sich identifizieren können. Mädchen und Frauen orientieren sich dagegen viel stärker an situativen Kontexten und Beziehungskonstellationen – sie suchen nach ansprechenden Welten, in die sie sich hineinprojizieren und hineinfallen lassen können.

Egal ob Germany's Next Top Model, Sex and the City oder Hannah Montana: Immer ist es die in diesen Sendungen aufgebaute Situation und Konstellation der Figuren, die die weibli-

chen Zuschauer an den Fernseher fesselt. Aus diesen Konstella-
tionen heraus lernen die Mädchen aller Altersgruppen am Mo-
dell, wie man sich in Beziehungen verhalten kann bzw. sollte.

Nun versuchen Sie mal, in Schulbüchern oder im Schulunterricht irgendwelche Situationen oder Figurenkonstellationen zu
finden, in die sich die Mädchen gerne hineinversetzen würden.
Während die Jungs von den Charakteren gelangweilt werden,
interessiert die Mädels meistens die präsentierte Situation nicht.
Wie viel besser wäre es, wenn man den Mädchen auch in Schulbüchern Welten anbieten würde, in die sie sich gerne hineinprojizieren würden! So klischeehaft wie es klingt: Mädchen und
Frauen mögen es nun mal schön. Jungs und Männern ist doch
eigentlich egal, wo sie ihr Ding machen – wer braucht schon De-
koration und anderen eitlen Tand? Das lenkt ja nur ab …

Für Mädchen und Frauen ist ein passendes Umfeld aber
extrem wichtig, um sich wohl zu fühlen, und wer sich wohl
fühlt, kann besser agieren. Schöne Dinge, angenehme Farben,
eine ansprechende Tonalität – all das zieht in Welten hinein.
Schulbücher strotzen vor Sachlichkeit, doch Mädchenwelten
müssen emotional berühren, damit sie involvieren können.

Denken Sie einmal an ein typisches Schulzimmer. Und
nun stellen sie sich im Vergleich einen mädchengerechten
Raum vor, in dem z. B. schöne Dinge und bunte Farben für
eine angenehme Grundstimmung sorgen. In diesem Raum
werden sich die Mädchen viel wohler fühlen und auch dort ist
Platz für die unterschiedlichsten Charaktere.

Wenn kleine Mädchen nun einmal Prinzessinnen lieben:
Warum nicht damit spielen und die Mädchen erst in eine Welt
locken, zu der sie leichten Zugang finden, weil sie »schön«
ist? Dann kann man sie nämlich aus dieser Welt heraus auch
für andere Dinge interessieren – man muss es ja nicht so weit
treiben, wie ich es mit der Schwarzen Prinzessin in meinem
Märchen gemacht habe.

Das gleiche Prinzip der Figurenkonstellationen wie bei WINX und den Disney-Feen findet sich natürlich auch bei den 5 Freunden, den 3 Fragezeichen und anderen Kinderbuchklassikern – jedoch haben die Mädchenthemen wie die Disney-Feen eben den einfachen, aber doch eminent wichtigen zusätzlichen Vorteil, dass sie »schön« sind und die Mädchen auch über ihre Ästhetik einfangen. Da wird eine Welt aufgebaut, in die sich die projektiv veranlagten Mädchen fallen lassen können und die sie auch motiviert, sich mit Themen wie Individualität auseinanderzusetzen.

BITTE KEINE SCHWARZEN PRINZESSINNEN!

Genauso wenig, wie unsere Gesellschaft Rosa Ritter braucht, braucht sie Schwarze Prinzessinnen. Es braucht auch keine »bösen Mädchen« und auch keine »zornigen Mädchen«, denn wenn die Mädchen zu egozentrischen Individualisten werden, dann widerspricht dies ihren Grundbedürfnissen. Diese Mädchen würden irgendwann mit unauflösbaren Widersprüchen in ihrem Leben konfrontiert werden.

Es darf aber auch nicht damit weitergemacht werden, die Mädchen zu willigen Konsensgeschöpfen zu erziehen. Wir brauchen einen gesunden Mittelweg: Mädchen müssen erlernen,

- mit ihrer Individualität konstruktiv umzugehen und sie als Bereicherung auch für die Umwelt anzusehen – und nicht als etwas, das man besser vor anderen versteckt,
- dass Beziehungen auch dann funktionieren, wenn sie nicht nur auf Gleichheit und Harmonie begründet sind, sondern dass gerade die Unterschiedlichkeit der einzelnen Gruppenmitglieder befruchten und stärken kann,

- dass man auch mal an sich selbst denken kann und darf, ohne dass es einem die anderen übelnehmen oder es jemandem Schaden zufügt.

DREI SCHRITTE ZUR GESCHLECHTERADÄQUATEN ERZIEHUNG

Die erste Schlussfolgerung aus allem, was in diesem Buch zu Rosa Rittern und Schwarzen Prinzessinnen beschrieben wurde, kann eigentlich nur lauten: Trennt Jungen und Mädchen und erzieht sie getrennt voneinander so, wie es ihren jeweiligen Grundbedürfnissen entspricht! Dann werden sie weder in tradierte Geschlechtsstereotype abdriften noch an unerfüllbaren Vorgaben der Gesellschaft scheitern.

Die zweite Schlussfolgerung ist, dass eine sehr individuelle Förderung der Kinder notwendig ist. Das Arbeiten mit undifferenzierten Schulnoten wäre z. B. vielleicht in Fächern wie Mathematik und Deutsch gerechtfertigt, wo es um grundlegende Kulturtechniken geht, die alle Kinder zwingend beherrschen müssen. Schulnoten taugen aber nicht bei all jenen Aspekten, die die charakterliche Entwicklung und die individuellen Fähigkeiten der Kinder berühren.

Dass beides so nicht umzusetzen sein wird, ist wohl klar, und es ist im Fall der Geschlechtertrennung vielleicht auch nicht in jedem Fall wünschenswert. Die Herausforderung ist dennoch, gerade in der Kindheit ein Umfeld zu schaffen, in dem sich sowohl Jungen als auch Mädchen weitgehend adäquat entwickeln können.

Was muss sich also ändern? Zunächst bedarf es des Akzeptierens zweier grundlegender Aspekte:

1. Akzeptieren wir, dass Menschen emotionale Wesen sind. Man kann es nicht oft genug beklagen: Deutschland ist ein durch und durch rationales und emotionsloses Land. Die ganze Debatte um Geschlechteridentität und Emanzipation zeigt das Dilemma: Da wird wunderbar analysiert und beschrieben, wie Männer und Frauen sein sollen. Es wird aber außer Acht gelassen, ob Männer und Frauen überhaupt so sein *können.* Man kann sein emotionales Korsett jedoch nicht abschütteln, und es ist außerdem immer leichter, Verhalten zu beeinflussen, wenn man die passenden Emotionen richtig anspricht. Hören wir also auf zu belehren und akademisch abgehoben zu diskutieren, sondern fangen wir an zu involvieren und zu motivieren.

2. Nehmen wir hin, dass Jungen und Mädchen von unterschiedlichen emotionalen Bedürfnissen angetrieben werden. Es ist im Grunde vollkommen egal, welche genetischen Eigenschaften Jungs und Mädchen jeweils haben oder auch nicht haben. Viel wichtiger ist zu akzeptieren, dass ihr Verhalten von emotionalen Grundbedürfnissen angetrieben wird, und dass diese Grundbedürfnisse – wodurch auch immer – geschlechtsspezifisch sind. Jungen und Männer verhalten sich anders als Mädchen und Frauen, weil ihr Verhalten durch andere Grundbedürfnisse gesteuert wird. Wir können also Jungen und Mädchen die gleichen Ziele vorgeben, aber wir müssen ihnen dabei helfen, auf den jeweils passenden Wegen und über die passenden Bedürfnisse zu diesen Zielen zu kommen.

Wenn dieses Buch dabei hilft, diesen beiden Punkten mehr Beachtung zu verschaffen, dann hat es seinen Sinn eigentlich schon erfüllt. Es gibt eine angeborene Geschlechterveranlagung bei Jungen und Mädchen, und diese manifestiert sich in ihren geschlechtsspezifischen Grundbedürfnissen. Doch diese Veranlagung kann so kanalisiert und auch instrumentalisiert werden, dass klassische Rollenmuster durchbrochen werden. Der dritte, ebenso wichtige Schritt ist dann, zu akzeptieren, wie die heutige Gesellschaft funktioniert. Wir haben keine egalitäre Konsensgesellschaft, aber auch keine reine Ellenbogen-Gesellschaft. Wir leben in einer Zeit, in der das »Ich« und das »Wir« fast gleichberechtigt nebeneinanderstehen – es geht nicht mehr ohne das Team, aber andererseits ist jeder auch gefordert, für sich selbst zu sorgen.

- Für die Jungen bedeutet das, dass sie erlernen müssen, ihr »Ich« häufiger dem »Wir« unterzuordnen.

- Die Mädchen müssen dagegen umgekehrt begreifen, dass das »Wir« auch mal hinter dem »Ich« zurücktreten darf und muss.

Unterm Strich bedeutet das vorrangig, dass die »Kuschelpädagogik« ein Ende haben muss, die vor allem auf Ausgleich und Konsens ausgerichtet ist. Dabei ist nicht nur die Förderung von Individualität wichtig, sondern auch das stärkere Aufnehmen von adäquaten Wettbewerbselementen. Jungen und Mädchen müssen nicht nur erlernen, dass sie individuelle Fähigkeiten haben, sondern sie müssen ihre eigenen Kompetenzen dann auch mit denen der anderen vergleichen können, um herauszufinden, welches die eigenen Stärken sind. Denn nur wenn sie ihre eigenen Stärken richtig einschätzen können, haben sie später die Chance, ihr Leben erfüllend zu gestalten und die Rolle zu finden, die zur eigenen Persönlichkeitsstruktur passt.

Es ist zum Glück aber auch nicht so, dass Jungen und Mädchen komplett gegensätzlich veranlagt sind und es keinen gemeinsamen Nenner gäbe. Die Kunst liegt darin, genau diesen gemeinsamen Nenner zu finden, der Jungen und Mädchen gleichermaßen abholt und ihnen jeweils auch die Befriedigung ihrer geschlechtsspezifischen Grundbedürfnisse ermöglicht.

SpongeBob wurde schon erwähnt: eine TV-Serie, die sowohl Jungen als auch Mädchen über deren jeweilige Bedürfnisse anspricht. Und es gibt noch mehr solcher Beispiele aus dem Medienbereich:

- Harry Potter gewinnt die Jungen über die Heldengeschichte – mit ihm können die Jungs sich ohne Probleme identifizieren. Für die Mädchen ist aber auch die soziale Konstellation mit Hermine, Ron und all den anderen Figuren spannend. Die Zauberwelt von Hogwarts zieht wiederum Jungen und Mädchen in ihren Bann.

- Ähnlich ist es bei Kim Possible: Sie ist coole Geheimagentin und damit dank ihres Action-Potenzials für Jungs gerade noch akzeptabel, andererseits ist sie auch normaler Teenager und Cheerleaderin, was die Mädchen interessant finden.

- Bei den Pokémon lieben die Mädchen die süßen Charaktere wie Pikachu und dass man diese hegen und pflegen kann. Jungs reizt der Wettkampf – aber um diesen bestehen zu können, müssen sie ihre Pokémons auch ständig pflegen und trainieren, also weibliches Verhalten zeigen.

• Die Wunderwaffe schlechthin ist aber Humor: Was bei SpongeBob über den Witz funktioniert, klappt auch bei Serien wie Hotel Zack & Cody wunderbar: über den eingebauten, universell funktionierenden Humor beide Geschlechter einzufangen und ihnen so alle möglichen sozialen Botschaften zu vermitteln.

Alle Beispiele haben gemeinsam, dass ein emotionales Fundament gelegt wird, das alle Kinder über deren Veranlagung in ihren Bann zieht. Wie das geht, lässt sich in die folgenden drei Schritte aufteilen:

SCHRITT 1: DIE PASSENDEN ANKNÜPFUNGSPUNKTE

Der fundamentalste und für alle Umsetzungen entscheidende Punkt ist: Jungen müssen auf der Ebene der Individuen angesprochen werden, bei Mädchen muss die Ansprache über die Erlebniswelt und die Strukturen in ihrer Umgebung laufen.

• Weil Jungen identifikativ veranlagt sind, brauchen sie immer starke männliche Rollenmodelle, an denen sie sich orientieren und von denen sie lernen können. Schulbücher brauchen z. B. Helden, zu denen die Jungs aufblicken können.

• Weil Mädchen projektiv veranlagt sind, brauchen sie immer eine ansprechende, »schöne« Welt, in die sie sich hineinfallen lassen können. Schulbücher brauchen z. B. schöne Bilder und spannende Welten, um die Mädchen zu faszinieren und zu involvieren.

Beides lässt sich aber auch wunderbar vereinbaren: Man kann eine mädchengerechte Welt erschaffen und dann darin eine Hauptfigur installieren, die die Jungs einfängt. TV-Serien wie Yakari machen es bei Kindern vor: Tiere und Abenteuerwelten funktionieren fast universell, aber auch Alltagswelten erlauben eine Adaption. Man kann sich auch bei Themen bedienen, die den Gerechtigkeitssinn und das Moralempfinden von Kindern ansprechen, z. B. die Umwelt oder den Tierschutz, und diese Welten entsprechend mit den passenden Figuren und einer guten Gestaltung umsetzen. Hat man dies erreicht, kann man letztlich jeden Inhalt mit viel mehr Spaß vermitteln, von Mathematik bis hin zu sozialem Lernen.

SCHRITT 2: DIE RICHTIGE KONSTELLATION DER FIGUREN

Allzu oft wird vernachlässigt, dass die Figuren und Charaktere ein extrem wichtiger Anknüpfungspunkt sind: Über sie docken wir an Geschichten und Themen aller Art an. Will man Jungen *und* Mädchen gewinnen, braucht es natürlich männliche und weibliche Figuren. Und diese Figuren müssen sich entsprechend den geschlechtsspezifischen Veranlagungen verhalten.

- Die männliche Hauptfigur muss sich durch ihr Tun beweisen und dadurch Status gewinnen – den Status, den die Jungen auch gerne hätten. Damit geht es zwangsläufig auch immer um Wettbewerb mit anderen, denn Jungs sind nun einmal kompetitiv veranlagt: Sie müssen ihre Helden gewinnen sehen, damit sie ihnen nacheifern wollen. Der entscheidende Punkt ist hier aber, dass diese Figur eben kein Einzelkämpfer sein sollte. Wichtig ist die Einbindung in die Gruppe und die Erkenntnis, dass niemand die Welt alleine retten kann oder muss. Jungs werden nur dann zu mehr Teamfähigkeit kommen, wenn sie starke Rollenvorbilder haben, die ihnen genau das vorleben.

- Die weiblichen Figuren müssen sich dagegen über ihre Beziehung definieren und integriert sein. Was immer sie tun, muss der Stärkung der Gruppe dienen. Aber – und dies ist der entscheidende Punkt bei den Mädchen – diese Figuren dürfen nicht in Konformität und Konsens ersticken: Sie müssen jeweils klar definierte Rollen, Stärken und damit eine nachvollziehbare Individualität haben, die die Gruppe stärkt.

Auch hier gibt es große Überschneidungen zwischen den Geschlechtern: Was für die Mädchen WINX oder die Disney-Feen sind, sind für die Jungen die Fantastischen Vier oder Fußballmannschaften. Da geht es jeweils um die herausragenden Leistungen der Einzelnen, die dem Team helfen. Auch diese Aspekte lassen sich dann problemlos in jeden Handlungsrahmen oder ein Spielumfeld übertragen. Es ist aber zwingend notwendig, deutlich mehr Aufwand in die Definition der Charaktere zu investieren als z. B. bei vielen Rollenspielen oder in Schulbüchern üblich. Dabei darf man sich dann durchaus bei Klischeerollen bedienen, denn diese vereinfachen ggf. das Verständnis.

SCHRITT 3: DIE PASSENDE TONALITÄT

Dieser dritte Schritt ist wohl der schwierigste, denn die geschlechtsspezifischen Anforderungen an die Tonalität gehen tatsächlich recht weit auseinander. Jungs suchen hohe Reizstärke in jeder Form – von Aggressivität bis hin zu hohem Tempo oder hoher Lautstärke –, selbst wenn es inhaltlich platt ist. Moderates und Leises langweilt sie. Mädchen steigen dagegen tiefer in Zusammenhänge, Inhalte etc. ein und brauchen deswegen deutlich weniger Action. Das klassisches Beispiel hierfür: Jungs lesen Comics, Mädchen lesen Bücher.

Die Lösung für dieses Problem liegt wiederum in der Unterscheidung von Welt und Charakteren:

- Weil Jungs über die Charaktere andocken, müssen diese eine Tonalität verkörpern, die die männliche Veranlagung anspricht. Action, Kraft, Stärke etc. müssen sich in den Taten der Figur manifestieren und so deren (laute) Tonalität definieren. Auch das Umfeld darf natürlich solche »coolen« Elemente haben, man darf es aber nicht übertreiben.

- Bei den Mädchen muss sich die Tonalität nämlich aus der Situation und der Welt ableiten. Diese darf nicht zu konfliktbeladen, aggressiv oder negativ sein, sondern muss insgesamt freundlich und schön sein. Nette Figuren in einer bösen Umwelt funktionieren nicht, böse Figuren in einer schönen Umwelt schon.

Was sich in diesen drei Schritten vielleicht liest, als wäre es »nur« eine Bauanleitung z. B. für eine neue Fernsehserie, ist in Wahrheit viel mehr: Es ist der Schlüssel dazu, Jungen und Mädchen in allen Bereichen gemäß ihrer geschlechtsspezifischen Veranlagung anzusprechen und bei ihren Bedürfnissen abzuholen.

- Die beiden Ebenen »integrativ vs. kompetitiv« bzw. »statusorientiert vs. beziehungsorientiert« geben vor, welche Bedürfnisse inhaltlich angesprochen werden müssen (*»Was will ich für mich, wie will ich sein?«*),

- die Ebene »identifikativ vs. projektiv« gibt vor, wie diese Ebenen dann umgesetzt werden müssen, damit Jungen und Mädchen Zugang zu ihnen finden (*»Wie kann ich das auf mich beziehen?«*).

Erziehung will und muss Verhalten und Einstellungen prägen, und beides lässt sich durch die Ansprache der geschlechtsspezifischen Veranlagungen auf die oben beschriebene Weise erreichen. Diese Mechaniken öffnen die Tür, durch die alle möglichen Botschaften vermittelt werden können. Die Werbung weiß das schon lange und es wird Zeit, dass sich auch die Erziehungsinstanzen dieser Mechaniken bemächtigen.

Das Problem der Erziehungsinstanzen ist derzeit, dass ihre Aktivitäten oft emotional so steril sind, dass Motivation wirklich nur aus dem jeweiligen Thema heraus entstehen kann. Wenn das Thema aber gerade nicht interessiert, dann hat man eben Pech gehabt – und das passiert vor allem den Jungs. Im späteren Berufsleben haben dann eher die Frauen Pech, denn sie müssen sich plötzlich entgegen ihrer Veranlagung verhalten.

Will man Mädchen aus der Konsensfalle locken und zu echter Gleichberechtigung führen, dann geht das am leichtesten über individuelle Figuren in mädchengerechten Welten, von denen sich die Mädchen mögliche Rollenmuster abschauen können. Und da ist es vollkommen egal, ob das im kindlichen Spiel zuhause passiert, beim Lernen von Kulturtechniken in der Schule oder beim Fernsehen im Jugendalter. Im Berufsleben geht es dann noch konkreter über die frauengerechte Förderung von Individualität. Ein »Mitarbeiter des Monats« setzt da genau das falsche Signal – wichtiger wäre das »Team des Monats«, wobei jedes Teammitglied mit seinen individuellen Kompetenzen benannt werden muss. Und umso besser ist es, wenn das dann auch noch in einem schönen Umfeld stattfindet …

Will man Jungen ermöglichen, zu zufriedenen und sozialkompetenten Wesen zu werden, dann müssen sie lernen, wie sie ihre status- und wettbewerbsorientierte Veranlagung kanalisieren und sinnvoll einbringen können.

SCHLUSSWORT: ENDLICH FRIEDEN AUF DEM SCHLACHTFELD DER GE-SCHLECHTER?

In der Einleitung zu diesem Buch habe ich geschrieben, dass etwa die Hälfte des geschlechtsspezifischen Verhaltens angeboren und die andere Hälfte anerzogen ist. Ich habe Ihnen für das Schlusswort die Antwort auf die Frage versprochen, welche der beiden Hälften die bessere ist.

Wenn man »besser« wertfrei versteht als »angepasst an die Anforderungen der Gegenwart und Zukunft«, dann muss die anerzogene Hälfte des geschlechtsspezifischen Verhaltens die bessere sein. Die angeborene Hälfte ist dafür einfach zu archaisch und verwurzelt in einer Welt, die es so nicht mehr gibt. Das gilt sowohl für die kompetitiv und statusorientiert veranlagten Jungen als auch für die integrativ und beziehungsorientiert veranlagten Mädchen.

Die anerzogene Hälfte kann aber nur dann die bessere sein, wenn Geschlechterrollen nicht *gegen*, sondern im Einklang *mit* der angeborenen Veranlagung geprägt werden. Man muss Jungen und Mädchen bei ihren spezifischen Grundbedürfnissen abholen, um sie fit machen zu können für die Anforderungen, die an Männer und Frauen gestellt werden. Diese Anforderungen sind leider nicht geprägt von Gleichheit und Harmonie, und sie werden es auch in naher Zukunft nicht sein.

Es ist nun einmal so: Eigentlich sind weder Jungen/Männer noch Mädchen/Frauen mit ihrer spezifischen Veranlagung wirklich zukunftsfähig: Den Jungs fehlt die Fähigkeit zur Kooperation, den Mädchen die notwendige Egozentrik, und man hilft ihnen derzeit nicht wirklich weiter.

Zukunftsfähigkeit heißt heute, die Balance zu finden zwischen Wettbewerbsfähigkeit, einem gesunden Egoismus und Mut zur Individualität einerseits sowie der Fähigkeit zur Integration und Kooperation andererseits. Nur wenn beide Seiten gestärkt werden, sind unsere Kinder vorbereitet für die Herausforderungen einer globalen Welt.

Damit dies gelingen kann, muss sich die Erziehung insgesamt wandeln, in den Familien genauso wie in den Erziehungsinstanzen. Jungs muss gezeigt werden, wie sie auch innerhalb der Gruppe ihr »Jungsein« einbringen können, und Mädchen sollten nicht mehr länger dazu verleitet werden, in der Konsensfalle zu enden.

Gelingt dies, dann werden sich bald alle Diskussionen um Quotenregelungen und andere gesetzliche Vorgaben erübrigt haben, denn es wird beiden Geschlechtern möglich sein, jeweils die Rolle zu finden, die am besten zur eigenen Persönlichkeit passt – egal ob das dann in der Familie, in der Wirtschaft oder sonst wo ist.

Wir brauchen weder Schwarze Prinzessinnen noch Rosa Ritter. Wir brauchen Jungen und Mädchen, Männer und Frauen, die sich ihrer eigenen Persönlichkeit und ihrer Stärken bewusst sind, damit sie diese zum eigenen und zum Wohle aller einsetzen können.

Man sollte sich zwar keinen Illusionen hingeben, aber erscheint das nicht erstrebenswert?